日俄战争
奉天大会战影像

荆绍福 /主编

Riezhanzheng
Fengtiandahuizhanyingxiang

沈阳出版发行集团
沈 阳 出 版 社

目 录

前言

近几年，我在研究沈阳历史的过程中，发现时间比较久远、数量较大的关于沈阳的老照片，多是 1904 年、1905 年形成的，而且多数是由外国人拍摄的，其中尤以日本人拍摄的数量最大。1904 年至 1905 年发生了日俄战争，日本人、俄国人、法国人、英国人等纷纷来到中国东北参战。在战争中，一些战地摄影师、随军记者等拍摄了大量有关日俄战争的照片。

日俄战争在沈阳打过吗

日俄战争在沈阳打过吗？不少沈阳人并不是很了解，或者了解得不多。很多人都去过旅顺的鸡冠山堡垒、望台炮台等日俄战争遗址，并对在旅顺发生的这场残酷战斗印象深刻。其实日俄战争是从 1904 年 2 月开始到 1905 年 9 月结束，大约持续了 19 个月。在这 19 个月中，为了控制制海权，日俄双方发生了惨烈的大海战，海战基本和内陆的沈阳不沾边。与此同时，日俄双方还在中国的辽东半岛投入了大量的兵力，在陆上发生的战斗特别激烈、残酷，从安东（今丹东）、旅顺到营口、海城、辽阳、奉天（今沈阳）、铁岭等。其中辽阳会战、沙河会战、黑沟台会战、奉天会战是日俄战争中最著名的四大会战。在这四大会战中，沙河会战、黑沟台会战、奉天会战三大会战都和沈阳有关，特别是沙河会战、奉天会战基本上就是在沈阳区域内进行的，黑沟台会战也在沈阳地域发生过战斗。沙河会战从 1904 年 10 月 5 日至 1904 年 10 月 15 日，主要战场在今沈阳市苏家屯区沙河堡街道北沙河一带；黑沟台会战从 1905 年 1 月 25 日至 1905 年 1 月 29 日，主要战场在今辽阳市灯塔市沈旦堡镇一带，但一些战斗发生在沈阳市辽中区长滩镇；奉天会战从 1905 年 2 月 23 日至 1905 年 3 月 10 日，主战场基本上在沈阳市地域，涉及今苏家屯区、浑南区、于洪区、沈北新区、铁西区、和平区、沈河区、皇姑区、大东区、辽中区、新民市，甚至法库县、康平县，沈阳市地域上的十三个区、县（市）基本上均已波及。在今沈阳市苏家屯区沙河堡街道烟笼山、于洪区沙岭堡、于洪区李官堡、于洪区于洪屯（今于洪广场一带）等许多地方都发生了十分惨烈的战斗。

日俄战争在沈阳打的规模很大

在日俄战争的辽阳会战、沙河会战、黑沟台会战、奉天会战四大会战中，奉天会战持续的时间最长、规模最大，又称之为“奉天大会战”。一说奉天大会战是从1905年2月18日起至1905年3月16日结束，共27天，一说是从1905年2月23日起至1905年3月10日结束，共16天，本书是按照第二种说法的16天来记述的。即使算其16天，也比四大会战中其他三大会战的时间都要长。奉天大会战的战场东至抚顺市、铁岭市，西至沈阳市辽中区，南至本溪市、沈阳市苏家屯区，北至沈阳市法库县、铁岭市昌图县，战场长达155公里，纵深80公里。双方共投入兵力60多万人，火炮近3000门，机枪近300挺。日军死伤7.1万人，俄军死伤、被俘8.9万人。奉天大会战最终以俄军败北而告终。奉天大会战是日俄战争陆路的最后一次大规模决战。1905年3月10日奉天大会战结束后，俄军退守四平街（今吉林省四平市）与日军对峙，日俄两军再无大规模战斗。

日俄战争给沈阳造成了巨大灾难

日俄战争中的沙河会战、黑沟台会战、奉天大会战，在沈阳区域内进行了半年多的时间。在这期间，从奉天古城到广阔的农村，到处战火纷飞，老百姓处于枪林弹雨之中，很多平民被无辜炸死，一些百姓被日军、俄军以莫须有的罪名杀害。日俄两军经常以强制手段驱使成千上万名中国人充当劳工，用木棒、皮鞭和刺刀逼迫他们赶修工事，稍不如意就用鞭抽棒打，被打死、累死、饿死、病死者不计其数。在日俄战争中，仅有10万多人的奉天城里一时涌进来五六万难民，他们没有饭吃，无处住宿，一片凄风苦雨的惨状。俄军、日军疯狂抢劫奉天百姓的粮食，特别是在1904年10月的沙河会战前后，许多百姓家辛苦种植的即将成熟的庄稼被俄军或日军践踏、毁坏，有些直接被用作马料，致使百姓啼饥号寒。众多的村庄被日俄两军的炮火炸毁，一些房屋被拆掉，木板、檩木等被用于构筑工事、烧火御寒。不少村庄除了破壁颓垣、孤立的墙架、悄然耸立的烟囱外，什么都没留下来。沈阳大法寺、实胜寺、故宫、昭陵、南塔广慈寺等一些文物也遭到严重破坏。所有这些，都给中国东北、沈阳的战地百姓留下了长久的痛苦记忆，也令那些即便不在战地的广大中国民众感同身受，痛彻心扉！如时人所言“吾中立国之民生息于其地者，掷生命数十万，死亡之数，过于两军”“兵连祸结，无辜惨死，血肉横飞”“纵横千里，几同赤地”“草寂烟寒，不堪触目”，真是“流血殷边草，苍生大可哀”。

日俄战争中拍摄的有关沈阳的照片

从1904年2月8日开战到1905年9月5日日俄两国在美国签订《朴茨茅斯条约》，日俄战争共进行了19个月。这期间，日俄双方在沈阳战斗、占据沈阳长达一年多。加之沙皇俄国从1900年10月侵占中国东北后，长期占据沈阳。虽然之后俄军短暂撤出沈阳，但在日俄战争爆发前却一直侵占沈阳。日俄战争结束后，日军占据沈阳，其主力部队在1905年11月才撤出沈阳。这一前一后，日俄两军占据沈阳近五年的时间。在这五年时间里，日俄两国一些战地摄影师、随军记者和美、英、法、德等国家的记者纷纷来到沈阳，也拍摄了一些关于沙河会战、黑沟台会战、奉天大会战的照片，拍摄了关于沈阳的一些照片。特别是日军派出了众多的战地摄影师，几乎对日俄战争全景进行了实地拍摄，形成了数量巨大的战场照片，并在战后集结出版。这些照片大部分保存于国外的一些档案馆、图书馆、博物馆，也有一些保存于国内民间。近几年，沈阳市档案馆加大了征集力度，从国外，国内民间征集了一些日俄战争的照片，特别是系统征集到了日俄战争时期的一些照片。当然，日本利用日军拍摄的大量照片，在日本国内进行了大肆的宣传，赞颂日军与俄军在中国东北的战斗中取得的巨大胜利，进而美化日军的侵略行为。而对日俄战争中一些屠杀中国人民、给中国东北造成巨大破坏的照片的宣传、出版，日军战后却有严格的管制，使得我们今天很难找到给中国东北造成巨大灾难的影像照片了。战后的日本大本营提出了《日俄战史编纂纲领》，确定了日俄战史编纂纲领审查的注意事项。其中规定："二、各团体意见分歧不要记载，以防暴露军事内情；三、有关军队或个人怯懦、失策之类对战斗不利的结果，不得暴露真相，以免损害我军价值或有害于后来的教育；四、有关兵站守备队及其运输能力，不可详细叙述；五、不可叙述特种部队的详细编制；……七、有关追加运送弹药的事项，以及由此而对俄军战斗产生影响的事实，不可叙述；八、关于给养缺乏的事实，应尽可能简略叙述；……十、不可叙述具有研究价值的特种战法，以及尚未被世间注意的有关材料；十一、不可叙述违反国际法或可能对外交产生影响的事项……。"可见，日本掩盖历史真相、曲解历史从记述日俄战争史即已开始。

关于日俄战争奉天大会战问题的研究

日俄战争距今已经有110多年了。100多年来，作为交战国之一和获胜一方的日本，无论是官方还是民间，对日俄战争的研究都投入了很大力量，研究的范围广、程度深，取得的成果也比较多，比如日军参谋本部的《明治卅七八年日露战史》、谷寿夫的《机密日俄战史》、大江乃吉夫的《日俄战争与日本军队》、黑羽茂的《日俄战争史论—战争外交史研究》、井口和起的《日俄战争的时代》……日本出版的关于日俄战争的著作，相当一部分是站在为日本侵略政策辩护的立场上，美化日俄战争或歌功颂德。也有些深入地探讨战争的背景、原因、影响以及战争期间的外交活动等方面，立场趋于客观。作为交战国另一方的俄国和前苏联对日俄战争也做了大量的研究，如俄海军司令部编写出版的《1904—1905年俄日海战史》、前苏联中央国家档案馆的《日俄战争》、鲍•亚•罗曼诺夫的《日俄战争外交史纲（1895—1907）》、契尔缅斯基的《日俄战争（1904—1905）》等。中国虽然没有直接参加战争，但却是日俄战争的受害国，所以中国人很早就对这次战争进行了研究。如1918年由商务印书馆编译编撰出版的《日俄战纪全书》，1929年吕思勉编写的《日俄战争》等。1949年以后，围绕日俄战争也出版了一些书籍，如李纯武编著的《日俄战争》、辽宁大学法学研究所著的《日俄战争简史》、马骏著的《东北亚大厮杀——日俄海陆战》、刘志超和关捷编著的《争夺与国难——甲辰日俄战争》、关捷和关伟编著的《日俄战争灾难纪实》、萧西之水著的《第0次世界大战》、查攸吟著的《日俄战争全史》、徐广宇编译的《洋镜头里的日俄战争：1904——1905》、秦风老照片馆等编的《日俄战争与中国的命运：1904——1905法兰西画刊图书精选》等。

关于此次战争的胜负问题，早期的日本学者和清末民初的一部分中国学者认为这是一场立宪制国家与专制国家间的战争，是黄种人反抗白种人殖民侵略的战争。随着马克思列宁主义影响的扩大，多数学者认为日俄战争是一次帝国主义战争，是日俄两个帝国主义国家围绕远东霸权的争夺战。关于战争的起因，中国学者分析大致包括以下三个方面：1895年的"三国干涉还辽"是导致日俄冲突的起因；围绕朝鲜和中国东北的争夺是日俄战争爆发的直接原因；此外，其他帝国主义国家的挑拨和纵容也是促成战争的国际因素。关于日俄战争胜负的原因，一般认为俄国在武器装备、战略战术、运输补给、军官士兵素质等这些方面的落后是导致战场上处于劣势的原因之一，还有和国际、国内因素有关。日本在国内采取全民动员，充分利用了全部政治和经济资源，同时在国际上还得到了英美等国家的支持；而俄国则相反，国内反对专制制度的革命形势十分高涨，国际上缺乏盟友。

关于此次战争的影响，大致包括以下三个方面：一是对交战双方的影响，认为日本在战争中获胜促进了日本经济的发展，政治上加速了日本军国主义的形成，同时在对外政策上促成了日本进一步加深对亚欧大陆的侵略，而对于俄国，最主要的影响就是推动了1905年革命的发展。二是对朝鲜和中国的影响，战争的结果使日本加快了在朝鲜全面推行殖民统治的步伐，中国不仅在战争中遭受到极大损失，在战争结束后的对日交涉中又丧失了更多的权益。三是日俄战争使原有的东北亚格局发生了变化，日本独霸朝鲜，取得中国东北南部的控制权，成为这个地区最有影响的帝国主义国家，而俄国的势力却退回到中国东北北部，在战略上不得不采取守势。

奉天大会战是日俄战争中陆军的最后一场会战。在关于日俄战争的一些著作中，对此都有专门论述，但总的看不是很具体，内容也不是很详细。本书在编辑过程中重点参考了秦风老照片馆编著的《日俄战争与中国的命运：1904—1905法兰西画刊图书精选》、萧西之水著的《第0次世界大战》、查攸吟著的《日俄战争全史》、马骏著的《东北亚大厮杀—俄海陆战》等著作和曹然、王建、徐春霞等同志关于日俄战争的论文。关于日俄战争的这些著作记述沙河会战、黑沟台会战、奉天大会战的内容相对多一点，但由于受篇幅等所限，没有全面反映沈阳区域内的日俄战争全过程。关于涉及沈阳区域内的沙河会战、黑沟台会战、奉天大会战的专题著作相对很少，目前我们还没看到。关于这三大会战的专题档案资料，涉及中国人的可能在中国的档案馆、图书馆、博物馆能找到一些，但数量很少；日俄两国两军形成的，则在两国的档案馆、图书馆等处保存，有的我们根本看不到。当然在沈阳乃至在国内，专题研究涉及沈阳区域的沙河会战、黑沟台会战、奉天大会战的学术会议也很少。在本书编辑过程中，对涉及沈阳区域的三大会战也只能就当时形成的照片加以说明，并就会战中涉及的地名，依据沈阳市各区、县（市）地名专业书籍进行了分析考证。所以将本书命名为《日俄战争奉天大会战影像》，因为它不是奉天大会战的专题纪实著作，更不是理论阐述。希望下一步我们能够认真地查找档案资料，汲取前人的研究成果，形成一部全面记录奉天大会战过程的专题著作。

虽然本书没有全面记述奉天大会战的整个过程，但也不失为一本记录和反映日俄战争奉天大会战的重要参考资料。我们编辑出版这部书，目的是反映100多年前在中国东北、在沈阳发生的日俄战争奉天大会战，记述日俄帝国主义给中国东北、给沈阳造成的巨大灾难，让人们了解这段被欺辱的悲惨历史，牢记落后就要挨打的历史教训，激励我们热爱祖国、发奋图强，把中国建设得更加强大美好，早日实现中华民族伟大复兴的中国梦。

在本书出版之际，对给予本书编写工作给予大力支持的有关单位和相关人员表示衷心地感谢。由于水平有限，对本书存在的问题敬请读者批评指正。

荆绍福

2016年9月

一、日俄战争概述

日俄战争，顾名思义是发生在日本和俄国之间的战争。但是，这场对于日俄两国而言事关国运而又打得你死我活的空前大战，其陆地作战的主战场却与日俄两国都无关，而是发生在中国的东北的土地上，日俄两国争夺的、也不愿让出的利益，很大一部分也是中国的东北。换句话说，日俄两国是在别国的领土上，不惜伤害别国的利益，争夺自己的私利，进行着这场血腥的战争，犹如慷他人之慨，谋一己之利，而无论双方的胜败如何，中国都是最大、最直接且最伤痛的受害者。

（一）日俄战争的背景

自 17 世纪开始，俄国从彼得一世到叶卡捷琳娜大帝即位，经历了雷厉风行的改革和疯狂的扩张，俄国告别落后，开始步入欧洲强国之林。19 世纪中叶，沙俄政府的主要力量用于欧洲的争霸和在中亚的争夺。此时的清政府外有列强不断入侵，内有频频爆发的农民起义，内外交困，国势衰微，正一步步沦为西方列强的半殖民地。而强邻俄国本身也并不好过。因其资本主义蓬勃发展，农奴制出现危机，反政府、反农奴制的暴动不断涌起。沙皇俄国决定借机武装侵略中国黑龙江流域，扩张领土，实现其“泛斯拉夫主义”。沙俄通过《中俄瑷珲条约》《中俄北京条约》，割占中国黑龙江以北、外兴安岭以南、乌苏里江以东共 100 多万平方公里土地，并开辟了符拉迪沃斯托克（俄语，“控制东方”之意），即海参崴。

到了 19 世纪 80 年代末期，英美日等列强正在远东国际舞台上激烈角逐，使西伯利亚的战略地位日益凸显出来。为实施沙俄蚕食亚洲的“远东政策”，沙皇决定修建一条贯通整个西伯利亚的大铁路。1891 年 5 月，西伯利亚大铁路正式动工。铁路动工后不久，俄国财政大臣维特就主张，大铁路干线应通过中国东北直达海参崴，这样“俄国能在任何时间内、在最短的路上，把自己的军事力量运至海参崴，并集中于满洲、黄海海岸及离中国首都的近距离处”。

1895 年，甲午战争结束后，清政府代表战败国被迫签订了中日《马关条约》，割让台湾岛、澎湖列岛、辽东半岛给日本。而辽东半岛的割让引起俄国统治集团的极大不满，这意味着俄国图谋独占中国东北的侵略计划受挫。《马关条约》签订的当天，俄国就扬言不惜以战争解决问题。而德国、法国也因各自利益对日本在华势力的扩张有所不满，于是在德国倡导、俄国响应之下，拉拢法国，结成德、俄、法三国联盟，对日本进行干涉。此时，日本经过甲午战争的消耗，一时无力进行新的战争。因此，在三国压力下，日本被迫“抛弃辽东半岛之永久领有”（实际上是清政府以白银3000万两向日本“赎回”辽东半岛）。这样，俄国就成了战胜国的战胜国。

“还辽”成功后，俄国秘密制订了所谓的“亚洲黄俄罗斯计划”。这一计划的基础，便是在修建西伯利亚大铁路的同时，修建穿越中国东北并南伸至大连的铁路。1896年，俄国人诱迫清政府签订了《中俄密约》，决定在中国境内修建西伯利亚大铁路的支线，并命名为“东清铁路”（后又称“中东铁路”）。1898年，东清铁路动工修建，1903年7月14日全线通车。1897年底，俄国舰队擅自闯进中国旅顺口；翌年3月，沙皇政府以军事压力为后盾，强行向中国政府“租借”旅顺、大连及其附近海域，霸占了整个辽东半岛。

1900年，中国爆发了义和团运动。义和团运动从山东、直隶向奉天、吉林、黑龙江等地蓬勃发展，沉重地打击了沙俄和其他帝国主义的势力。沙皇俄国打着“保护中东铁路”的旗号，乘机出动了近18万军队，从瑷珲、满洲里、珲春、三江口、旅顺等地，分六路侵犯我国东北地区，妄图实现独霸整个东北的野心。1900年10月1日，俄军占领奉天（今沈阳）；4日，占领锦州；6日，各路俄军在铁岭会师。至此，东北三省各战略要地均被俄军所控制。

义和团运动被镇压后，俄军并未从东北撤出，独霸东北的野心昭然若揭。这引起了中国东北和全国人民的强烈义愤，英日等帝国主义从自身的利益出发，也坚决反对。1902年4月8日，沙皇政府不得不签订《交收东三省条约》，撤出中国东北。但1903年8月，俄国又悍然成立以旅顺为中心的远东总督区，任命阿列克塞耶夫为总督，实际上已把我国东北当成了俄国领土，紧接着又重占奉天。日俄之间的矛盾此时已剑拔弩张。

从日本方面来看，1868年，日本开始明治维新，推行“富国强兵”“殖产兴业，文明开化”等一系列改革措施，使日本摆脱了即将沦为殖民地的厄运，发展成资本主义强国。可是作为后起的资本主义国家的日本，急于靠军事掠夺手段来壮大自己的实力。明治天皇精心制定了一个征服朝鲜和中国的台湾、东北和内蒙古直至内地，进而征服亚洲乃至世界的“大陆政策”。

1874年2月6日，日本政府通过《台湾番地处分要略》。同年4月，组成所谓的“台湾生番探险队”3000人，率舰队侵略台湾。清政府得知日军侵犯台湾的消息后，派福建船政大臣沈葆桢率军直赴台湾。沈葆桢等到达台湾后，一面与日军交涉，一面积极备战。日军由于水土不服，士兵病死较多。日本政府考虑到不能立即军事占领台湾，于是转而用外交手段解决问题。经过一番外交斗争后，清政府与日本政府于1874年10月31日签订《北京专条》，清政府付给日本“抚恤银”及“修建房”共计50万两。这使得日本尝到了甜头，更助长了其贪欲。1875年，日本迈开了侵略朝鲜的第一步，先后胁迫朝鲜签订多项丧权辱国的不平等条约，为日本向大陆推进提供了立足点。1879年，日本完全吞并了琉球，实现“大陆政策”的第一步。1890年，内阁总理大臣山县有朋提出了中国满蒙地区为日本的利益线且围绕着主权线、利益线的《施政方针》，也标志着大陆政策的最终形成。而沙俄当局修建西伯利亚大铁路的计划，让日本大为惊恐。1889年年底，山县有朋在其《军备意见书》中指出“西伯利亚铁路竣工之日，将使远东发生特别剧烈的变动”，强调必须以“整顿军备”作为“最紧急之任务”。此后，日本便对俄国在远东的行动保持高度警惕。1893年，山县有朋再次指出俄国修建西伯利亚铁路对日本的威胁，要求日本应“预作准备”“如有可乘之机，即进而收取利益，是为国家存亡之所系”。

而“三国干涉还辽”被日本视为奇耻大辱，日本利用在甲午战争中获得的巨额赔款加速发展其军事工业。截至 1903 年，日本陆军常备兵力达 20 万人，另有后备兵源 20 万人，海军舰只总吨数达 26 万余吨，为日本对俄开战奠定了基础。俄国在强迫日本交还辽东半岛后，也觉察到了日本的咄咄之势，遂也在军事上积极准备。截至 1904 年，俄国正规陆军已过 114 万人，预备役约 350 万人，海军舰艇总吨位达 80 万吨。一场分割中国东北和朝鲜的战争已不可避免了。

（二）惨烈的大海战

1904 年 2 月 8 日，由东乡平八郎指挥的日本海军联合舰队突袭驻扎在大连旅顺的俄国太平洋舰队，从而拉开了日俄战争的序幕。总督阿列克塞耶夫及其亲信早已知晓日俄谈判破裂的消息，但没有立即采取应变措施。夜袭当晚，俄国舰队军官正在城里举行晚宴，庆祝舰队司令施塔克将军夫人的命名日和圣烛节。俄军并未打开防雷网，却以军舰上的探照灯把内港的出入口照得通明。日舰盯住俄国舰队，近距离发射了 16 枚鱼雷，其中 3 枚命中目标，重创俄舰3艘。爆炸声和炮声惊动了整个旅顺，但城内的俄军司令部并未详查，直到黎明时发现港口附近被击中的船骸，才真相大白。而日本联合舰队第四战队护送进攻汉城的陆军第一军运兵船登陆仁川，歼灭俄军 2 艘巡洋舰。

为争夺制海权，日俄双方制定了相应的水雷封锁战术，双方有多艘战舰触雷沉没。1904 年 4 月 18 日，俄太平洋舰队的旗舰彼得罗巴甫洛夫斯克号触雷沉没，舰队司令马卡洛夫（战争爆发后接任该职）遇难，使俄军信心受挫。而日军陆上也进展顺利，到 6 月已经包围了旅顺，从而形成海陆合围。俄太平洋舰队如果继续留在旅顺将会有全军覆灭的危险，于是决定突破旅顺口外封锁，撤往海参崴。8 月 7 日，俄舰队接到“迅速突围，驶往海参崴”的命令，开始突围行动。日海军早已觉察到俄军的企图，在黄海附近做好准备，实施封锁。双方交火后，日舰命中俄旗舰“太子”号，击毙指挥官维佐弗特少将，俄舰队失去了指挥。夜幕降临后，俄舰队无法统一行动，开始溃散，残余舰队逃回旅顺。这是日俄两军宣战后第一次正面海战，史称“黄海海战”。

1904 年 8 月 14 日凌晨，俄国海参崴分舰队在对马海峡遭遇日本联合舰队第二舰队的 4 艘装甲巡洋舰。经过 30 分钟激战，俄国 3 舰皆起火燃烧，力战不屈的俄舰“留力克号”在日军围攻下沉没，是为“蔚山海战”。黄海海战与蔚山海战彻底摧毁了俄军远东舰队的战斗力，也使得后来驰援的第二太平洋舰队完全陷入孤立的状态。

当俄国在远东的海军接连遭遇重创，沙皇俄国被迫派波罗的海舰队挽救处于劣势的兵力。这支被临时拼凑的舰队被重新命名为“太平洋第二分舰队”。在缺少后勤给养的条件下，太平洋第二分舰队经过长途跋涉到达对马海峡海域。此时，日方却加紧对自己的舰艇进行大修，补充弹药，加强作战演习。1905 年 5 月 27 日，日俄海军的最后决战在对马海峡展开，两军几乎同时拉响了战斗警报，而日军为了掌握炮击的时机，不惜以自己所在的旗舰为赌注直接进行定点转向，首当其冲地面对俄军全部舰队的枪林弹雨。但是俄国舰队由于自己秩序混乱，并没有充分利用这一绝好机会给日本人以绝对反击。当日军完成转向列阵，情势也瞬间逆转。开战 24 小时后，俄国舰队中 22 艘军舰被击沉，7 艘被俘，6 艘逃进中立港被扣押，俄军战死、烧死、淹死者超过 5000 人，被俘 6142 人。日军却只损失了 3 艘水雷艇，死伤 700 人。这一天就此成为以后日本每年大肆庆祝的“海军日”，也同时象征了沙俄帝国舰队的末日。

（三）血腥的辽东陆战

1904年2月8日，日军第一军先遣队步兵4个大队在日海军第二舰队第四战队及第九、第十四舰队的掩护下，在仁川顺利登陆。2月9日，日军占领了汉城。日军夺得仁川一带制海权后，日本陆军十二师团登陆仁川，集结于汉城，于3月到平壤，占领朝鲜。4月初，日军逼近鸭绿江岸发动向九连城的总攻，随后陆续占领了凤凰城、安东县城，减轻了第二军在辽东半岛登陆的阻力。

由日军陆军大将奥保巩指挥的第二军随后在距离旅顺不足60公里的猴儿石登陆，意图进攻金州南山阵地，占领金州。但南山阵地有俄军重兵把守，武器辎重齐备。按照大本营的训令，奥保巩把新登陆的第五师团主力的一部调到北方，占领普兰店至大沙河一带，第二军主力从5月22日开始，做进攻南山阵地的准备工作。在联合舰队的协助下，5月26日，日海军向南山阵地炮击，第二军各师团的步兵开展进攻。而俄军本来固守要地，实力占优，却在日军的疯狂进攻下动摇。至此，日军趁机猛攻，金州被占领。奥保巩决心在俄军尚未集结完成时大举北进，继续在得利寺大败俄军，并沿铁路继续北上，在7月底占领了大石桥、海城、营口、牛庄，直逼辽阳。

1904年6月20日，日本建立满洲军总司令部，任命大山岩为满洲军总司令官，陆军大将儿玉源太郎为满洲军总参谋长。日本满洲军总司令部的建立，加速了日军对俄军的进攻。7月初，日军兵分三路占领了辽阳周围地区。但俄军早已在辽阳修筑坚固的防御工事，在库罗巴特金的指挥下，集结大量兵力防守。大山岩以第一军为右翼，攻辽阳东北；第四军为左翼，攻西北；奥保巩的第二军则为中路先锋，三路齐发。俄军一方因为消极防御、极力避战，造成了辽阳的失守。此役，日军虽然死伤惨重（总计达1.7万余人），却通过占领辽阳而打破了通向奉天的屏障。

辽阳失守后，俄军撤退到今沈阳市苏家屯地区沙河一带。俄国沙皇下令不准再退，1904年10月15日，库罗帕特金集合九个师团，主动渡过沙河进行攻击，此次会战俄军总兵力有日军的两倍，但大山岩以“后之先”的指导原则，使敌先动，后发先至，先以右翼的兵力死守，却派真正的主力从侧翼袭击敌军，让俄军误以为受到包围而改采守势，最后不得不往北撤退。虽然取得胜利，但日军也因极度缺乏弹药，无法继续追击，两军暂时按兵不动，直到来年初库罗帕特金偷袭中国中立地带的辽西，接着进攻牛庄与营口，使日军陷入苦战，勉强退敌后，两军整兵，准备最后奉天决战的到来。

此时，日军进攻旅顺的任务由乃木希典统帅的第三军担任。6月6日，该军在大连湾登陆后，旋即向旅顺侧后展开。截至8月初，终于完成对旅顺要塞的包围，将俄军压迫至要塞筑垒地域内。乃木希典指挥第三军连续对旅顺口俄军发动了四次大规模进攻。

8月19日，日军开始首次总攻击。以二龙山堡垒和东鸡冠山炮台之间区域为正面攻击方向，380门大炮开始炮击俄军整个陆防线，随后5万日军在炮火掩护下发起持续猛烈的进攻。由于炮击都是采用山炮、野炮等小口径炮火，对堡垒、炮台几乎不造成破坏，再加上乃木希典对旅顺俄军要塞的坚固程度估计不足，采取不惜代价的“肉弹”战术轮番冲击。在俄军的机枪重炮面前，日军不断败下阵来。尽管占领了盘龙山的东堡垒和西堡垒，但五天血战，日军战死5000人、伤者10000人以上，损失非常惨重，首战失利。由此，乃木军司令部判断，凭借突击式的攻击难以攻陷要塞，于是决定在要塞前面挖掘堑壕来进行推进。

经过休整，日军于9月19日开始了第二次总攻击。此次作战采用“正攻”战术（掘坑道作业），目标是龙眼北方堡垒和水师营南方堡垒，最终夺占俄军旅顺防卫体系的制高点——203高地。经过四天恶战，日军以损失7500余人的代价仅攻下高地外围的几个小炮台，而主攻目标203高地却毫无进展。

此时，大本营将配备在日本主要港口的280毫米口径榴弹炮送达。自10月26日开始，日军又发动了第三次总攻击行动。五天内连续发动三次攻击，仍未能突破俄军要塞的主要防卫线，行动又以失败告终，伤亡巨大。

11月26日，乃木希典将主力部队全部投入到第四次总攻击中，此次攻击的作战目标是集中兵力攻打203高地。日军在尝试敢死队式的奇袭突袭失败后，日军将全部18门280毫米重榴弹炮都用上，俄军阵地遭到很大破坏，防御工事被全部摧毁，与后方的联络也被截断。乃木希典见炮击达到了预期效果，下令步兵发起冲击。经过激战，日军终于打退俄军的顽强抵抗和多次反攻。12月6日，整个203高地被日军占领。这一战，解除了北上日军的后顾之忧，而乃木希典亦随后率军北上增援，参加日军与俄军主力在奉天等地的会战。

1905年1月初，俄军决定转入进攻，而日军却已觉察到俄军出击的征兆。1月25日，俄军突然袭击并控制了浑河全线和黑沟台，但战略上的失误，致使俄军在苏麻堡陷入与日军的巷战中，损失惨重。黑沟台及周围据点均被日军重新占领。

奉天大会战是日俄战争的最后一次陆上大决战。此时俄军兵力38万人，火炮1386门，机枪56挺；日军25万人，火炮1062门，机枪200挺。1905年2月下旬，这场战线绵延百余公里的总决战展开，经过长达十六天的会战，大山岩再次以灵活的调度，分配两翼军队的攻势，更善用由旅顺前来增援的第三军进行包围作战，日军的有力指挥，加之俄军总司令库罗帕特金作战消极，指挥失误，最后俄军往四平街（今吉林省四平市）突围败退。此战双方动员60多万人，日军死伤7.1万人，俄军死伤、失踪达8.9万人。至此，日俄战争陆战告终，日军获得全胜。

（四）中国的衰弱与生机

从1903年7月开始，在清政府的有意“撮合”下，东北问题谈判的主角变成了沙俄和日本。但是他们谈的不是把东北交还清政府，而是该由谁占领东北。沙俄要求独占东北，限制日本在朝鲜的势力；而日本则要求独占朝鲜，同时染指东北。双方的矛盾根本不是谈判能够解决的。

谁都看得出日俄终有一战，夹在中间的清政府调头转向，越来越向日本靠拢。1903年11月25日，日本秘密向清政府通报了日俄交涉已无前途及日本的备战情况。战争已经一触即发，而清政府的立场仍然举棋不定。这时，时任直隶总督兼北洋大臣的袁世凯登场，主导了清政府在日俄战争中的立场。袁世凯多次表示“日俄果决裂，我应守局外中立”“就我现在情势而论，不得不谨守局外”，主张采取“局外中立”之策。同时，他把国际公法有关战争“中立”规定的内容，摘要翻译上呈。

1904年2月12日，清廷发布上谕宣布“中立”。诏书发布时，日俄两国已经在中国的土地上热火朝天地打了四天了。“中立”并不能保护东北百姓的安全，日俄两国一再破坏“中立”的各种规定，给成千上万的东北人民带来了一场前所未有的浩劫。

战争爆发之初，俄国就强占清政府地方官衙，要求清政府地方官员、民众应恪守俄国政令，听从俄军役使，并动辄殴辱中国地方官员，甚至剥夺清政府地方官员的管理权力，肆意逮捕乃至杀害中国地方官员。在军事上也要求中国军队，接受俄国的调度。他们强迫收缴东北军民的武器、弹药，甚至连乡民防身的洋枪、子弹，也因有助日之嫌而被一概收去。

此外，日俄双方还经常扒毁城墙，霸占官所、衙署，胁迫拘押地方官员。1905 年 5 月 5 日，俄军帮办武廓米萨尔照会增祺云：“照军情上起见，辽阳城有为队兵占据之处，且城墙上造有缺口几处，以备战事之用，等因。”1905 年 8 月，日军进入抚顺城以后，“大小工作所用之砖，均拆之于城楼，取之于城墙。……”同时，日俄两方还争相霸占中国府衙，肆意拘捕中国政府官员。1905 年 2 月 15 日，俄军占据盛京兵、刑、工三部衙门作营务处。1905 年 6 月 27 日，日军拘捕康平县总巡穆克图善，并于 7 月 31 日将其杀害……

日俄双方在中国东北都以殖民统治者自居，将东北各族人民视为任意宰杀的奴隶，进行野蛮驱使、掠夺和屠杀。他们常常“殴打农人，逼作苦工”，修筑工事，运输军需品，为其战事服务。在旅顺，迫使五千多东北人民日夜为其修筑工事；各地被抓的民夫背井离乡，在日、俄军的刺刀下从事繁重的劳役，常常是有去无回，惨遭杀戮。1905 年 4 月，日军击退俄军，即在（奉）省北一带驻扎，占民房，毁薪木，掠牲畜，抢财务，奸妇女，夺粮食，种种罪行，不胜枚举。俄军在撤退时，“割禾喂马，拆房做饭，此营开走，彼队复来，以致各户禾稼割毁殆尽，一屯房间拆毁仅剩数间，老幼流离，饥寒交迫。困苦之状目不忍视”。

两军更动辄对东北人民冠以莫须有的间谍罪名加以杀害。据记载当日军进入辽阳城时，百姓“稍涉间谍嫌疑者，或枪杀或活埋”，其中甚至包括中国的地方官员。辽阳知州陈良杰在辽阳会战结束两个月后才到任，却仍被诬陷以“资助俄军”的罪名而被处死。中国东北各族人民不是死于日俄的炮火，就是死于日俄的杀戮。据盛京将军初步估计，东北人民死于战火者约 2 万余人，财产损失达白银 6900 万两。

日俄战争致使中国主权与领土完整进一步丧失。1905 年 9 月 5 日，日俄双方签订了以宰割中国和朝鲜而闻名的《朴茨茅斯条约》。11 月，日本与中国签订了《东三省事宜条约》，不仅接管了辽东半岛南部的俄国租借地作为关东州，还将独占的势力范围延伸到东三省的南部地区。日本为了经营满洲，分别成立了“关东都督府”及“南满洲铁道株式会社”，前者负责政务管理，后者专司产业经营，另外还有关东军的军事力量，日本取得侵略中国和亚洲的最重要基地，全面展开对外扩张的政策，终于导致后续如二十一条要求、“九一八”事变及伪满洲国、伪华北自治运动、七七事变、太平洋战争……

日俄两国竞相蚕食鲸吞的局面，使得清廷意识到东三省面临被瓜分沦亡的险峻形势，引发了清政府对如何维护东北边疆主权的深刻思考。1907 年 4 月清廷下诏，改盛京将军为东三省总督，并在奉天、吉林、黑龙江设立巡抚各一名，将军制的废除，行省制的建立，使清廷对东三省的控制有所加强，同时也加强了东三省与内地的密切联系。日俄战争使得清廷内部产生分化，一部分有识开明之官员受到战争的震撼，推动了清政府向预备立宪的方向迈进。至于革命分子，较过去更为活跃，许多知识分子参加了革命阵营，革命思想逐渐转化为社会的主流。师法日本进行改革的声浪成为主流，前往日本留学的学生人数在战后一年之间增加了两倍之多。革命运动延续了战前反俄组织的力量，在日俄朴茨茅斯和谈时，成立了中国革命同盟会，誓言“驱除鞑虏，恢复中华，建立民国，平均地权”，并推举孙文为总理，组织逐渐完备，也将中国的革命推入了新的阶段。中国在日俄战争的悲惨处境中，努力奋起，创造生机，以改变民族的最终命运。

二、沙河会战及沙河对峙

辽阳会战后，日俄两军大体上在奉天与辽阳之间的沙河地区互相对峙。这里的沙河，指的是北沙河。北沙河，人们又称它为“沙河”，是太子河的一条支流，属浑河二级支流，全长 117 公里。北沙河源头有两支，南支在本溪县西石桥子，北支起于抚顺县海浪乡斑斑猫岭，流经今沈阳市苏家屯区境内的姚千、陈相、沙河、林盛、红菱等街道，在今辽阳市灯塔市入太子河。沙河会战战场主要在北沙河两岸、今沈阳市苏家屯区姚千、陈相、沙河、林盛、红菱等街道一带，这些战场一般距沈阳市中心不超过 30 公里。1904 年 9 月底，东北地区的俄军约 21 万人，拥有 758 门炮，32 挺机枪，防线长达 90 公里；同期，沙河地区的日军约 12 万人，拥有 488 门炮。前一阶段的作战，日军消耗很大，为了补充兵力，在国内进行了总动员，但仍不能从根本改变与俄军的兵力对比。

在这种情况下，日军决定在沙河地区转入防御，等待第三军尽快从旅顺解脱出来，北上增援。同样，库罗帕特金虽然拥有相对的兵力优势，却不急于发动反攻，仍然是依托既设阵地等待日军进攻。但沙皇政府迫于俄国国内革命运动的高涨和辽阳会战后国内对战争的不满情绪，要求库罗帕特金发动攻势，解旅顺之围，借以挽回帝国的“荣誉”，提高沙皇政府一落千丈的地位。库罗帕特金制订的进攻计划，是对浑河与太子河间之敌实施攻击，并占领太子河右岸，实际上就是把日军赶过太子河。俄军分左右两个集团军：左翼三个军，由施塔克尔堡指挥，向本溪湖方向实施主攻（该方向是山地）；右翼两个军，由比尔德林格指挥，缓慢地向沙河方向前进，任务是把主攻方向的敌人吸引过来。另以三个军作为预备队。左右两集团军的进攻正面共 50 公里，总的进攻速度是每昼夜不超过 5 公里。这个计划主攻指向山地，而俄军没有进行山地战的准备，特别是缺少山炮。更糟的是，俄方进攻的准备工作不隐蔽，被日方发觉，完全丧失了突袭性。

日军统帅大山岩决定将计就计，首先利用对俄军不利的山地地形，以防御战消耗、疲惫俄军，然后投入新锐力量，转入进攻，猛攻俄军中央和右翼。1904 年 10 月 8 日，俄军东部兵团（由 73 个步兵营和 34 个骑兵连组成）出现在日军右翼，从该地区可以攻击日军第一军翼侧。1904 年 10 月 9 日，由 45 个步兵营和 18 个骑兵连组成的部队，对日军右翼边缘（位于本溪湖一带）发起攻击。

部署在这个方面的日军，只有梅泽道治少将指挥的近卫后备步兵旅的8个营。由于防守坚决，被日军誉为“光荣的梅泽旅”。大山岩顶住了俄军东部兵团的猛烈攻击，1904年10月10日，日军集中全部主力，从其左翼向东北方向的敌人发起总攻，俄军不得不于1904年10月12日开始全面退败。日军立即利用这一有利时机转入进攻，而这一行动，导致了一系列激烈的遭遇战。在某些情况下，遭遇战不仅昼间进行，而且夜间也进行。夜战中，双方均不使用炮兵，部队以密集队形投入攻击，士兵并肩行进，大多数夜战以刺刀白刃战宣告结束。为识别敌友，俄军士兵袖缠白布带。这种激烈的遭遇战持续至1904年10月15日。日军进展不大，只是在某些地段将俄军顶回沙河地区，大山岩决定在既得阵地上转入防御。

与此同时，库罗帕特金决定于1904年10月16日晨在自己的右翼发动进攻，以恢复在沙河左岸的原态势。但在15日夜间，日第二军奥保巩部以奇袭攻占俄军左翼第一军地段内具有决定意义的制高点万宝山（位于今沈阳市苏家屯区沙河街道）。日军占领该高地，造成了突破俄军防御中心的威胁。因此，库罗帕特金放弃原定进攻计划，令第一军不惜一切代价夺回该高地。经16日至17日两日激战，俄军以伤亡3000人的代价夺回了高地，日军死亡1500人。1904年10月22日，沙河会战结束。然而俄军在争夺高地的战斗中所取得的局部胜利，并未能扭转沙河战役的整个战局。俄日双方就地设防，到奉天会战前一直处于阵地状态。沙河会战中，俄方损失4万余人，日方损失2万余人。

沙河会战后，日俄两军大部分都分布在沙河沿岸对峙。双方不分昼夜努力地挖掘战壕、筑高垒，拼命加固自己的阵地。两军各自进行部队的调换、前线守备队的轮换、施工部队的进出、军需用品的运输、练兵等活动，并反复对对方进行恐吓、骚扰、侦察，为了干扰对方的作业，不分昼夜地进行炮击，偶尔进行小规模夜袭。沙河一带进入11月份，天气越来越冷。在极端寒冷的天气里，日俄两军都认为不能爆发较大规模的战斗，因此双方在还没上冻之前，都事先挖好住宿用的地窖、水井，准备好取暖的薪炭。在1904年11月至1905年2月初的两个多月内，双方基本上是各自巩固既得阵地，加修工事，互相对峙，偶尔出动侦察部队或进行炮击。除了1月下旬发生了黑沟台会战之外，这种情况基本上持续到1905年2月中旬。

日军三城子山阵地遭受俄军炮火轰炸 日军野战炮兵第二联队第一大队在歪头山镇东北方的三城子山阵地遭到俄军炮火轰击。歪头山位于今辽宁省本溪市溪湖区歪头山镇，北与沈阳市苏家屯区姚千户街道相邻。摄于1904年10月11日

日军在三家子村附近半山坡下休息 日军第一军后备步兵第二十九连队在烟台石炭坑北方三家子村（今沈阳市苏家屯区大沟街道大洼村）附近半山坡下休息。大洼村，清顺治年间有陈、张、马三姓移民在此居住，称为“三家子”，后因村中地势低洼改称“大洼”。摄于1904年10月12日

日军在三块石山南麓激战　日军第一军后备步兵第二十九联队第三大队在三家子东方高地三块石山南麓与俄军激战。三块石山位于今沈阳市苏家屯区大沟街道，山上有一座古刹，名为地藏寺，是今三块石景区的主要景点之一。据传三块石山山顶原有三块大小不一的巨石一字排开，突兀耸立，像庄严的卫士守卫着三块石山。山坡草木丰茂，槐花飘香，如同世外桃源。虽经历史的变迁，而今三块石山已然伫然耸立，向游人展现着美丽的风光。摄于1904年10月13日

日军在三块石山东南麓战斗　日军第一军后备步兵第二十九联队第三大队，一字排开，在三块石山东南麓战壕前对俄军进行射击。摄于1904年10月13日

日军在三块石山东北方修筑防御工事 日军工兵大队在今沈阳市苏家屯区三块石山东北方修筑防御工事。摄于1904年10月20日

日军一哨兵在高粱堆前放哨 深秋十月，沈阳大地正是秋收时节，兴隆屯（今沈阳市苏家屯区陈相街道河山村）立起一处处高粱堆，日军一哨兵正在一处高粱堆前站岗放哨。摄于1904年10月21日

大英守屯一处日军堡垒　三块石山北方大英守屯（今沈阳市苏家屯区陈相街道英守村的大英守自然村）一处日军堡垒。清初，有个姓王的巡捕在现在的大英守居住，他为当地百姓做了不少好事，人们亲切地称他为“英大人”。大英守的地势可观，五岭横卧北后山，这五岭就像五根手指，故命名为“大英守”。摄于 1904 年 10 月 22 日

日军炮兵在大英守屯向俄军阵地炮击

日军第一军独立野战炮兵队在三块石山北方大英守屯（今沈阳市苏家屯区陈相街道）向俄军阵地开炮。摄于 1904 年 10 月 22 日

日军在三块石山北方挖战壕修工事　日军第一军步兵第四联队第十二中队在三块石山北方西沟附近挖战壕、修工事，准备与俄军开战。摄于1904年10月25日

从马圈子高地眺望塔山　从马圈子（今沈阳市苏家屯区姚千街道田水村马圈子自然村）高地三块石山东北方眺望塔山。摄于1904年

英守村附近日军炊事场　日军第一军近卫某队在今沈阳市苏家屯区陈相街道英守村附近三块石山北方的一处炊事场准备餐食。摄于1904年

日军第三旅团司令部在烟台附近　一垄垄高粱茬儿、一垛垛高粱堆，映衬着深秋的沈阳大地，一匹匹战马、挎着战刀的指挥官、若干正在休息的士兵，凸显沙河会战的肃杀气氛。日军第一军步兵第三旅团司令部官兵在烟台村（今沈阳市苏家屯区红菱街道烟台村）石炭坑附近休整。烟台村得名于清顺治年间，当地有一烽火台，每当遇到紧急情况，人们便用柴草、狼粪点火放烟，黑烟滚滚，居远可见，故名“烟台”。摄于1904年10月10日

俄军炮弹落入日军烟台石炭坑北方阵地　俄军炮弹落入日军炮兵第二联队第一大队阵地，日军阵地上冒起了一片白烟，远处的山坡下有日军的若干匹战马和部分日军。此阵地位于烟台石炭坑北方、三城子山区域。摄于1904年10月11日

永安寺的日军第二旅团司令部　日军第一军第二旅团司令部设在永安寺。永安寺又称“砬子寺”，位于今沈阳市苏家屯区大沟街道三块石山东南方、今辽阳市灯塔市铧子镇北孤家子村和柳河子镇砬子寺村中间的一个南北走向的砬子山上，山上有一个近百里方圆最大的寺庙——永安寺，现存遗址，山下有一条绿柳成荫、溪水潺潺、风景旖旎的柳河。摄于1904年10月12日

俄军遗弃在哈蚂塘村的弹药车 俄军败退，遗弃在哈蚂塘村（今沈阳市苏家屯区大沟街道哈蚂塘村）的一辆小铳弹药车和死亡的战马。哈蚂塘村下辖5个自然村，分别为王哈蚂、孟哈蚂、张哈蚂、梁哈蚂和庙沟。清顺治年间，有孟、梁、张、王四姓人家移居此地，因这里地势低洼且哈蟆较多，故称为“蛤蚂塘”。摄于1904年10月15日

兴隆屯附近日军前哨阵地 日军前哨阵地里，士兵们隐蔽在战壕里，正在朝远处张望。此处前哨阵地位于兴隆屯附近，兴隆屯即今沈阳市苏家屯区陈相街道河山村下的自然村屯。摄于1904年10月21日

日军在二台子东南方阵地登梯瞭望 日军第二军野战炮兵第十三联队第六中队在二台子东南方、烟台停车场北方的阵地上，一日本兵登上竹梯，向远方俄军阵地瞭望。二台子村田地上的高粱堆，隐蔽着日军山炮和士兵。二台子即今沈阳市苏家屯区永乐街道互助村。清顺治年间，有王、杨、郭三户人家在此居住，因村子东西各有一座烽火台，故得名“二台子”，后二台子村与互助村合并。摄于1904年10月12日

日军第二军司令部在红宝山 日军第二军司令部在红宝山，坐在椅子上的为奥保巩司令官，奥保巩右边的提剑者为梨本宫守正王，军机关警卫官兵在战壕附近休息。红宝山位于今沈阳市苏家屯区正南、十里河街道东北2公里处，红宝山呈南北走向，形如卧牛，与东南的三块石山相望，故有“犀牛望月”之说。摄于1904年10月13日

日军炮兵在板桥堡向俄军开炮　日军小泉少将率领的部队攻打拉木屯附近的敌军，遭到了俄军的顽强抵抗。日军虽进行了猛烈进攻，但没能按计划推进，日军第二军司令官奥保巩大将请求炮兵支援。日军第二军战利加农炮中队在板桥堡炮兵阵地，向俄军炮击。阵地上浓烟四起，火光冲天。板桥堡，即今沈阳市苏家屯区十里河街道板桥堡村。因村前有一条大河，这条大河又是村民出行的必经之路，为了出行方便，村民在河面上架起一板桥，因此得名“板桥堡”。摄于 1904 年 10 月 15 日

日军一部在十里河战斗　日军第二军步兵第三十四联队一部在十里河与俄军战斗。十里河，即今沈阳市苏家屯区十里河街道十里河村，因村南有一条长河流过而得名。摄于 1904 年 10 月 12 日

日军在长岭子方面攻击前进　在树下窝棚后，日军第二军步兵第四十八联队一部在长岭子向黄花甸攻击前进。长岭子，即今沈阳市苏家屯区沙河街道长岭子村；黄花甸，即今沈阳市苏家屯区沙河街道东大房身村下辖的后黄花甸自然村。摄于 1904 年 10 月 14 日

日军在黄花甸高粱地里与俄军激战 在黄花甸的一片高粱地里，日军第二军步兵第四十五联队一部正在与俄军展开激战。高粱杆横七竖八地倒在地上，这些高粱被日俄军队糟蹋得不成样子。黄花甸，即今沈阳市苏家屯区十里河街道江浒屯村下辖的前黄花甸自然村。摄于1904年10月14日

日军第三师团长在沙河堡南一处高地 日军第二军第三师团长大岛义昌中将率部在沙河北的沙河堡及其东部战斗，在俄军占有很大优势的战斗中逆袭，占领并守住了阵地。照片中为日军第三师团司令部在今沈阳市苏家屯区沙河街道南方一处高地上，左边站着的是满洲军参谋井口省吾少将，面向右侧、身穿黑衣的是师团长大岛义昌中将。摄于1904年10月16日

日军工兵在红菱堡沙河上架桥　日军第二军工兵第四大队第一中队在沙河停车场（今林盛铺车站）西南方向、红菱堡附近的沙河上架桥，日军士兵正在紧张忙碌地施工。红菱堡，即今沈阳市苏家屯区红菱街道北红菱堡村。清顺治年间，有山东一行七户家庭到此居住，因村中的水泡子形似菱角，泡子南岸盛开刺梅花，映在水里呈红色，后又在泡子东岸修建一座兴隆寺佛庙，庙山门和在立东门前的一根八米旗杆经太阳一晒，映在水里也呈红色，故取名“红菱堡”。摄于1904年10月19日

日军电话架设队在红菱堡沙河上架设电话　日军第二军电话架设队士兵骑着马，在红菱堡沙河上刚刚建好的简易大桥旁涉渡沙河，架设电话。摄于1904年10月19日

日军烧木炭准备过冬 兵马未动，粮草先行。十月，沈阳地区即已转凉，日军砍伐大量树木，烧成木炭，为严冬的到来做准备。摄于 1904 年 10 月

日军王家楼子炮兵阵地遭俄军炮火袭击 日军王家楼子（今沈阳市苏家屯区十里河街道王家楼子村）炮兵阵地遭到来自宁官屯（今沈阳市苏家屯区大沟街道胡古家子村下辖的宁官屯自然村）的俄军炮火袭击。摄于 1904 年 10 月 14 日

日军将沙河战斗负伤者送后方救治 日俄两军在沙河间的战斗异常激烈，双方均伤亡惨重。照片中为日军将受伤的士兵送往后方战地医院救治。摄于1904年10月14日

日军在沙河堡南方阵地向俄军炮击 几棵老杨树，竹梯搭在其上，一个日本兵站在梯子上正往远处瞭望，树下的日军大炮隐藏在高粱杆堆里。这是日军第二军炮兵在沙河堡（今沈阳市苏家屯区沙河堡街道沙河铺村）南方向俄军阵地炮击。摄于1904年10月17日

日军在搭准备过冬的地窖　日军第四军步兵第四十联队在西沟山北方搭建地窖，准备过冬。摄于 1904 年 10 月 25 日

日军炮兵在蛇山子东方高地准备战斗　日军第四军野战炮兵第十五联队在蛇山子东方高地，准备炮击柳匠屯的俄军。蛇山子，即今沈阳市苏家屯区陈相街道蛇山村，位于陈相街道西 5 公里；柳匠屯，即今沈阳市苏家屯区陈相街道柳匠村，位于陈相街道西 2 公里。摄于 1904 年 10 月 25 日

日军占领了三块石山　日军第四军在沙河会战中占领了三块石山，日军拍下三块石山全景，作为第四军的战绩记录。三块石山位于今沈阳市苏家屯区大沟街道东南方向、蔡家屯村管辖境内。三块石山海拔110米，由南北相对的两座险峰构成。北峰下高耸着三块5米高的圆柱形天然巨石，故名“三块石山”。两山中间有一座古庙地藏寺。地藏寺坐北朝南，于三块石山巅，仪态非凡。今之地藏寺为2000年以后重新修建。摄于1904年

俄军炮兵队在炮击　十月的奉天，还不至于那么冷，俄军士兵都已穿上了大衣，戴上了棉帽子。摄于1904年

万宝山东部的土窟　烟龙山又名“万宝山”，位于今沈阳市苏家屯区陈相街道西北5公里处。万宝山尾出沙河，翘首东南，海拔不足百米。但因为它附近没有其他的高地，且地理位置恰好在两军中央的一个狭小地带，因此它对于两军来说是唯一的一处俯瞰阵地，它的得失对于两军的作战至关重要，俄军在沙河会战前做好了各种防御准备，坚决固守这一高地。1904年10月15日，日军奋力苦战，占领了万宝山高地。16日夜，俄军大部队进行反击，日军虽奋力抵抗但寡不敌众，陷入了重围，日军将校以下全部牺牲，整整失去了一个联队。摄于1904年

三角山附近的日军炮台内部　这是三角山山下日军的一处炮台。天气已经很寒冷了，几名日本兵披着棉大衣，穿着毛皮坎肩，站在垒筑的炮台前。摄于1904年

东石庙子附近日军窖营内部　东石庙子在今沈阳市苏家屯区大沟街道石庙子自然村。在一个日军窖营内部，物品摆放有序，5名日本兵正在学习。每名日本士兵都拥有一个专属的小箱子，用于装一些生活、学习用品。摄于1904年11月3日

日军第四军司令部举办天长节宴会（上图） 日本天长节，来源于中国唐朝。最初用于唐玄宗的生日，被称为“千秋节”，天宝年间改名为“天长节”。“天长”二字源于《老子》中“天长地久”一词，后流传到日本指代天皇的生日。明治天皇时期的天长节为11月3日。照片中为驻扎在今沈阳市苏家屯区大沟街道的日军第四军司令部，为庆贺明治天皇的生日而举办的天长节宴会。摄于1904年11月3日

兴隆屯村战后惨况（下图） 日军第二师团第二十九联队一部在兴隆屯前哨与俄军进行袭击与反袭击，占领与反占领，照片为战后的兴隆屯荒无人烟、断壁残垣的惨况。兴隆屯位于今沈阳市苏家屯区陈相街道河山村。摄于1904年11月6日

大堡日军第三野战病院向后方运送伤员 日军第三野战病院，位于今沈阳市苏家屯区大沟街道蔡家屯行政村的自然屯大堡，大批伤员正从这里后送。摄于1904年11月16日

沙河左岸塔山及万宝山的俄军阵地 沙河会战后，俄军占据着塔山及万宝山，在地势高处垒起两排沙袋，架起武器。摄于1904年11月21日

沙河左岸塔山及万宝山的俄军阵地 摄于 1904 年 11 月 22 日

长岭子附近的日军防御阵地 长岭子即今沈阳市苏家屯区沙河街道长岭子村。11 月末的奉天已寒气袭人，日军和俄军正在沙河对峙。摄于 1904 年 11 月 21 日

长岭子附近的日军防御阵地　位于今沈阳市苏家屯区沙河街道长岭子村附近的日军防御阵地。摄于1904年11月22日

蛇山子附近的日军第一大队部窖舍　蛇山子即今沈阳市苏家屯区陈相街道蛇山村。在沙河对峙期间，日军步兵第三十九联队第一大队住在地窨子里，也称为“窖舍”。这里面住着军医中岛兴丸、大队长高仓永则等官兵。摄于1904年12月3日

蛇山子观测所 沙河对峙中今沈阳市苏家屯区陈相街道蛇山村附近日军第十师团及第二十旅团司令部徒步炮兵第四联队第一、第三中队观测所，右端窨舍旁站立者为司令将校，信号兵、电话兵、观测兵正在作业。摄于 1904 年 12 月 12 日

蛇山子附近俄军塔山阵地 白雪覆盖着奉天大地，位于今沈阳市苏家屯区陈相街道蛇山村附近的塔山脚下浓妆素裹，这是俄军在塔山的阵地。摄于 1904 年 12 月 12 日

平山附近日军步兵第三十九联队第一大队窖舍　平山位于今沈阳市苏家屯区大沟街道团山寺村附近，日军住的窖舍分布在平山的山沟里，在白雪和山势的掩映下，很难被发现。摄于 1904 年 12 月 13 日

平山附近日军步兵第三十九联队第一大队窖舍　平山附近日军步兵第三十九联队第一大队窖舍，战壕相连，战壕与窖舍相通。摄于 1904 年 12 月 13 日

团山寺附近蛇山子一带　在沙河对峙期间，日军占据着蛇山子一带，此处有红叶山、无名山、三角山、平山、岩山等。照片中最高的山为三角山，略低的山无名，两山两侧分别是平山和红叶山。山下还没有收割的高粱凌乱地散落在雪地里，日军的运输马队正在行进。摄于1904年12月12日

平山附近日军步兵第三十九联队士兵警戒　日军步兵第三十九联队的两名士兵在平山附近进行放哨瞭望和警戒，另有三名士兵在窖舍里烤火取暖。摄于1904年12月13日

蛇山子北方三角山徒步炮兵第四联队守备阵地　蛇山子北方的三角山位于今沈阳市苏家屯区大沟街道团山寺村。日军徒步炮兵第四联队在三角山守备阵地。在这寒冷的季节，日俄双方士兵只能待在各自的阵地里，在沙河两岸对峙。战壕、窖舍都是刚入冬时就已挖好的，否则在冰封的十二月很难挖动冻土。摄于1904年12月12日

东石庙子北方日军第二师团一部阵地　东石庙子即今沈阳市苏家屯区大沟街道莽公屯村石庙子自然村。日军第二师团一部在这里设有阵地。第二师团始建于1873年，是日本帝国最早设立的六个“镇台”（日军部队编制相当于师团，但偏重防御）之一，称为“仙台镇台”，1886年改名为“第二师团”，因其征兵地位于仙台，也被称为“仙台师团”。第二师团主要下辖第4、16、29、30四个联队，是日军中最有战斗力的师团之一。在日俄战争中隶属于日本满洲军第一军。摄于1905年1月30日

日军运送280毫米榴弹炮　日军第四军配属280毫米榴弹炮四门，从旅顺经铁路输送到奉天沙河附近，1905年2月8日到达沙河堡，即今沈阳市苏家屯区沙河街道。照片为日军第四军上百人齐力往蛇山子阵地搬运280毫米榴弹炮。摄于1905年2月

日军在三角山附近搭设280毫米榴弹巨炮　280毫米榴弹炮是1884年日本大阪炮兵工厂仿意大利280毫米榴弹炮制作的海岸炮，炮弹重量为每发200公斤，最大射程为7800米。280毫米榴弹炮主要是对舰攻击时使用的，在地面上炮击威力稍显逊色。但这种炮弹发射时发出如火车的轰鸣声，其爆炸力令俄军士兵大惊失色。照片为日军正在今沈阳市苏家屯区陈相屯街道团山寺村附近三角山安装280毫米榴弹炮。摄于1905年2月14日

日军第四军士兵在三角山附近安装巨炮

把280毫米榴弹炮从旅顺运到沈阳费时又费力，安装起来更是费事，日军士兵在滴水成冰的寒冬，安装280毫米榴弹炮实属不易。这种榴弹炮在旅顺攻击中发挥出了较大威力，但在奉天大会战中，由于地面冻结并没有发挥出更好的效果。摄于1905年2月14日

日军第四军配属的四门280毫米榴弹炮

日军第四军在蛇山子西南麓已安装完毕新配属的四门280毫米榴弹炮，等待奉天大会战投入使用。摄于1905年2月

唐家堡子南日军向俄军长胜堡阵地炮击 白雪覆盖着大地，沙河对峙期间，日军从唐家堡（即今辽阳市灯塔市铧子镇唐家堡子村）的炮兵阵地向长胜堡（今沈阳市苏家屯区沙河街道）的俄军阵地开炮。摄于1905年2月3日

西沟山日军炮兵阵地 西沟山位于今辽阳市灯塔市西沟山附近。照片中日军占据有利地形，在山顶挖筑窑舍，并依山势挖建战壕，视野开阔，易守难攻。摄于1905年1月15日

大勾兵站司令部　日俄战争时，日军设置了辽东守备军作为担负整个满洲军兵站业务的后方军。各军还设立了直属兵站部队，师团之中作为固有的编制，设置了负责粮食集结、担负运输任务的辎重兵大队、承担医疗任务的卫生队和野战医院、运送弹药的弹药大队。俄军也是如此。兵站是部队打仗极其重要的条件保障，兵战能力的强弱决定着这军队或者部队的行动能力。照片中是位于今沈阳市苏家屯区大沟街道大沟村的一处日军兵站，大沟村下辖大沟、沙河沿和方官堡三个自然村。在十分寒冷的一月，日军这处兵站正在筹措薪炭，以备日军过冬之用。大沟兵站内有很多的车马和物资，车上满载薪炭，运来送出。摄于1905年1月18日

日军步兵第十四联队第八中队窖营 沙河滞阵中，日军步兵第十四联队第八中队在半山腰筑造的窖屋。摄于1905年2月11日

蛇山子北方平山日军一部窖舍 位于今沈阳市苏家屯区大沟街道团山寺村附近的平山日军阵地，为日军步兵第三十九联队第一大队本部。一名日军士兵在山上过冬用的地窨子前放哨，其他几名日本兵在巡视。摄于1904年12月13日

日军步兵第二十九联队小哨　沙河对峙期间，日军步兵第二十九联队的士兵在兴隆屯东北方的小树林里放哨瞭望，日军砍倒树木，把树枝零乱地摆放在战壕边，将阵地隐蔽起来。兴隆屯位于今沈阳市苏家屯区陈相街道河山村区域内。摄于 1905 年 2 月 1 日

半拉子山野战仓库 沙河对峙期间，日军第一军在半拉子山设置野战仓库。半拉子山位于今辽阳市灯塔市铧子镇。野战仓库负责将生鸟兽、野菜、薪炭、粮食等发给所属部队。照片中为日军逼迫当地的农民，把从当地村民家中征购的鸡蛋进行分发。摄于1905年2月18日

日军野战电信队作业 日军第十师团野战电信队在此时土地冻结的姚双台子进行野战作业。姚双台子位于今沈阳市苏家屯区大沟街道沈双台子村。摄于1905年2月20日

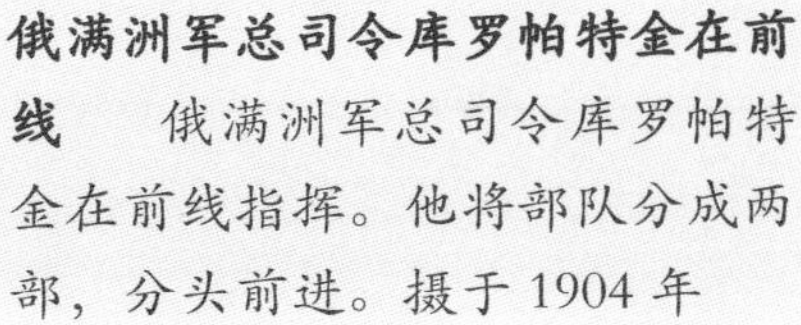

俄满洲军总司令库罗帕特金在前线　俄满洲军总司令库罗帕特金在前线指挥。他将部队分成两部，分头前进。摄于1904年

俄军第二军司令官在前线巡视

沙河对峙期间，日俄两军都在积极备战，迎接大战的到来。照片为俄军第二军司令官等巡视前线部队。摄于1905年2月

俄军西伯利亚第四军司令官巡视　沙河对峙期间，俄军西伯利亚第四军司令官巡视第三师团第十联队阵地，这处阵地位于奉集堡北方，俄军将领在战壕中、窖舍旁穿行。奉集堡位于今沈阳市苏家屯区陈相街道东侧、塔山东南，这是一座古老的村庄，头枕甲宝山，脚抵北沙河，这里是辽金时期的集州古城、明代的奉集堡城址。日俄沙河会战期间，奉集堡这座千年古城毁于战火。摄于1905年

俄军架桥铺设轻铁　沙河对峙期间，俄军积极备战，准备后勤物资、运送弹药，从俄国国内向中国奉天附近运来大批军人，为奉天大会战做准备。照片中为俄军士兵在康大人屯（今沈阳市苏家屯区白清街道康家山村），架起桥梁铺设轻铁，以输送军需品和各种弹药装备。康大人屯缘起于清朝一康姓官员，后改称为“康家山村”。摄于1905年

将俄军伤员从茅古甸车站运回俄国 一些在沙河会战期间受伤的俄军官兵被运送到茅古甸车站，准备搭上火车运回俄国治疗。茅古甸车站（今沈阳站）一片混乱景象，一边是刚下火车的新增援部队准备开赴前线，一边是缠满绷带、或坐或卧的俄军等待上车。绘于 1904 年

大批俄军穿过沈阳城墙券洞 一队队扛着枪的俄军士兵正列队穿过沈阳城墙瓮城券洞，旁边的老百姓好奇地看着他们。这个券洞属于哪座城门，现已无法考证。摄于1904年

三、黑沟台会战

1904 年 10 月沙河会战后，日俄两军隔河对峙，加紧构筑阵地，补充后勤补给，恢复战斗力，等待新的进攻时机。日军大本营判断 1905 年春解冻期到来之际，俄军在辽东将有近 30 个师的兵力集结，于是开始做好过冬准备，构建坚固阵地，打算以守击退俄军的进攻，等待旅顺的攻克和第三军的北上。1904 年 10 月 26 日，俄远东总督阿历克塞耶夫被解职，库罗帕特金接任远东陆海军总司令，满洲的俄军被改编为第一、二、三集团军。原本库罗帕特金打算等援兵到达以后再发动大规模进攻，但得知日军第三军即将北上，俄皇尼古拉二世在圣彼得堡再三催促，不得已要在日军第三军赶到前击败日军。1905 年 1 月 19 日，库罗帕特金下令，要赶在日第三军到达之前，彻底击退日军。库罗帕特金用第二集团军（5 个军、126 个步兵营、162 个骑兵连、439 门炮）共 10 万人担任突击，目标是占领奉天西南约 40 公里的一个村子——沈旦堡（今辽阳市灯塔市沈旦堡镇沈旦堡村）。库罗帕特金认为该村是日军整个阵地的关键。而这个方向上的日军，实力却异常薄弱，仅有骑兵第一旅团的秋山好古部的 8000 人。1905 年 1 月 24 日晚，俄军炮击黑沟台（今沈阳市辽中区长滩镇西南方向、辽阳市灯塔市五星镇黑沟台村）。1905 年 1 月 25 日清晨 6 点，俄军抢渡浑河，将日军全部击退到浑河南岸；上午 8 点，俄军进攻黑沟台，兵力 10 万人左右，大体相当于日军的 6 个师团，是日军秋山支队兵力的 12 倍；22 点，俄军占领黑沟台。日军秋山支队退守佟二堡、沈旦堡。按理说俄军应该乘胜追击，但却暂停休息。这一暂停休息，给了日军喘息之机。1905 年 1 月 25 日下午，日军第八师团的 2 万多人赶来支援。第八师团到了黑沟台附近，被俄军打得落花流水。1905 年 1 月 26 日下午 5 点，俄军重整旗鼓，进攻沈旦堡，没费多少精力，便很快拿下了沈旦堡。后来才发现，拿下的地盘不是沈旦堡，而是 400 米外的北台子。1 月 27 日晨，俄军赶忙攻击沈旦堡，但此时日军新援军第二、三、五师团已赶到，加上第八师团、秋山支队，总兵力 5.38 万人，由第八师团师团长立见尚文临时指挥。日军仓促上阵，兵力还处于劣势，俄军部队奋力死战，日军立见尚文部子弹用尽，被迫进行了一场世界最大的白刃突击，突破了俄军对沈旦堡秋山支队的包围。鉴于沈旦堡久攻不下，库罗帕特金担心日军在浑河地区对第二集团军侧翼进攻，即下令中止作战，将第二集团军撤向浑河右岸。1 月 29 日晨，日军尾随撤退俄军到达浑河一线的时候停止追击，黑沟台战役就此结束。黑沟台会战中，日军死 1848 人，伤 7241 人，失踪 227 人，共计 9316 人；俄军死 641 人，伤 8989 人，失踪 2102 人，共计 11732 人。

日军一处瞭望哨 瞭望哨设在今灯塔市柳条寨镇北李大人屯北部富家庄村的一处寺庙，骑兵第八联队的两名士兵站在两个树杈之间搭起的站台上，正在瞭望俄军动向。这是隆冬一月的辽东大地，天气十分寒冷，晶莹剔透的美丽树挂装点着寺庙，挂在钟架上一口不大的钟似乎在准备报时。树挂、寺庙、钟，看上去是一片和谐的氛围，但树上的瞭望哨兵，预示着这里即将发生会战的惨烈景象。摄于1905年1月

辽中区长滩镇附近的浑河 浑河经流今沈阳市辽中区，照片中浑河右边为今沈阳市辽中区长滩镇区域，左边为今灯塔市沈旦堡镇区域。黑沟台会战地点主要在沈旦堡镇。沈旦堡为日军左翼最西边的阵地，如果被俄军占领，俄军就可以从西面包抄日军，对其进行合围。俄军进攻沈旦堡的日军，先从沈阳市辽中区长滩镇出击。摄于1905年1月

日军趴在草房上瞭望　在灯塔市柳条寨镇金山屯村一户农民的草房上，三名日本兵正趴在上面向远处瞭望。这是日军骑兵第九联队的瞭望哨。屋顶的草已经散乱，下面的窗户也已无踪，草房已破败不堪。摄于1905年

俄军监视塔　日军利用树木、房屋、梯子，正在瞭望俄军动向，机动性很强。俄军则运用监视塔瞭望观测日军，这座监视塔足有20多米高，用铁架搭成，具有升降功能，用于远距离监视日军动态。摄于1905年

日军架设铁丝网　日军第八师团的工兵第八大队在今灯塔市柳条寨镇北李大人村西端架设铁丝网，防御俄军攻击。摄于 1905 年 1 月

日军骑兵前哨战斗　灯塔市沈旦堡镇北台子村附近，日军骑兵前哨与俄军发生激战。日军士兵脚穿马靴，身穿棉大衣，头戴棉帽子，御寒衣装齐备，趴在战壕里，正在射击。摄于 1905 年 1 月 16 日

从李大人屯出发的日军挺进队（上图） 由第三、第六、第九、第十一、第十三、第十四连队的一小部分人马组成的日军挺进队，在小北河（今辽阳市辽阳县小北河镇小北河村）西集合出发，向北李大人村（今辽阳市灯塔市柳条寨镇北李大人村）进发。这只挺进队主要任务是深入俄军后方，对俄军进行突袭。摄于 1905 年 1 月 15 日

从沈旦堡出发的日军骑兵第十五联队（下图） 日军最左翼阵地，也就是今天的沈阳市辽中区长滩镇和辽阳市灯塔市沈旦堡镇一带，主要依靠秋山好古中将率领的骑兵第一旅团守护。黑沟台会战前夕，即 1905 年 1 月中旬，日军秋山旅团和俄军小型战斗不断，浑河西岸的俄军逐渐增多，于是，秋山旅团加强了守备力量。照片中为秋山旅团的骑兵第十四联队部分士兵守备队从沈旦堡（今辽阳市灯塔市沈旦堡镇沈旦堡村）出发去柳条口（今辽阳市灯塔市沈旦堡镇）守备时的情景。摄于 1905 年 1 月 17 日

俄军西伯利亚联队休息　黑沟台（今辽阳市灯塔市五星镇黑沟台村）东部，俄军西伯利亚联队正在战地休息。摄于1905年1月26日

俄军西伯利亚航空第一大队第二中队　俄军西伯利亚航空第一大队第二中队在周官堡（今辽阳市灯塔市沈旦堡镇）东部，放轻气球侦察日军状况。摄于1905年1月31日

黑沟台会战中一处俄军阵地 摄于 1905 年 1 月

俄军骑兵袭击狼洞沟日军 俄军骑兵联队在黑沟台会战中袭击在狼洞沟的日军，遭到日军的顽强抵抗。绘于 1905 年 1 月

会战后的黑沟台（上图）　日军第八师团长立见尚文中将指挥他的师团和后备步兵第八旅团，于1905年1月26日对前来袭击黑沟台村（今辽阳市灯塔市五星镇黑沟台村）附近的俄军进行反击，俄军不断增加兵力，日军奋力反抗，但仍没能击退俄军的进攻，日军得到增援后，确保了阵地的稳固。1905年1月28日，日军对俄军进行夜间袭击，俄军惨败。1905年1月29日上午5时左右，俄军开始撤军，日军于9时30分占领了黑沟台。照片为黑沟台激战后的惨状。摄于1905年1月29日

黑沟台会战后沈旦堡附近惨状（下图）　1905年1月25日，俄军炮击了沈旦堡周边地区，俄军步兵大部队向浑河东岸前进，压制了日军守备队。1905年1月26日傍晚，日军得到增援后，向俄军发起进攻，俄军遭到重创，士兵大量伤亡，俄军连夜撤兵。1905年1月27日，俄军猛烈炮击沈旦堡，沈旦堡到处燃起了大火，人马伤亡，房屋损毁。1905年1月28日，俄军一部分人马袭击沈旦堡，被日军击退。照片为黑沟台会战后沈旦堡地区的惨状。摄于1905年2月

四、奉天大会战决战序曲

到1905年2月下旬奉天大会战前，日俄战争已历时一年。一年来，俄军在海上和陆地都一败再败。俄国海军的第一太平洋舰队全军覆灭，失去了制海权。经过辽阳会战、沙河会战、黑沟台会战等陆上战役，特别是日军艰难攻占旅顺后，辽阳以南或者说沈阳市苏家屯区沙河以南的辽阳、丹东、营口、鞍山、大连及旅顺等辽东半岛地区已被日军攻占。虽然俄军损失较大，一再退却，但俄军主力仍未被消灭，俄军无论从人力，还是在武器弹药等方面依然具有优势。1905年2月，日俄两军50多万人，集聚奉天城南部，厉兵秣马，准备进行一场决战。

从1904年10月25日到1905年2月中旬，日俄两军主要在今天沈阳市苏家屯区境内的沙河对峙。沙河会战后，日俄两军绝大部分都分布在沙河两岸，距离较近时也就几十米。日俄两军不分昼夜努力地挖战壕、筑堡垒，只管加固己方的阵地。两军反复对对方进行恐吓、骚扰、侦察，不分昼夜地进行炮击，偶尔进行小夜袭。这种状况一直持续到奉天会战开始。

（一）战线后方的战斗

1905年2月初，奉天大会战迫在眉睫。在俄军的后方，日军骑兵和受顾于日军并与日军合作的土匪集团的行动，显得更加活跃。辽阳会战和奉天会战激战展开之时，日俄两军暗地里却以小型部队展开了另一场战斗。由日军骑兵整编而成的永沼、长谷川两个挺身队（敢死队）蓄意搅乱俄军后方。永沼挺身队由永沼中佐指挥，骑兵176人，主要是破坏俄军后方铁路线、大桥。长谷川挺身队同样以炸毁俄军铁路桥为目的，深入到俄军阵地后方。永沼、长谷川麾下挺身队的行动，包括往返时间在内，从始于1月初的奉天会战准备阶段直到3月下旬奉天会战结束，历时两个半月。由日军将校指挥、当地土匪组成的小股部队，以桥口班、花田班、奉天土匪等特别任务班义军，偷袭俄军后方联络线以及军用仓库等。俄军也雇佣当地人组成由马德里托夫中校指挥的马德里托夫支队，担任侦察、警戒任务。

长谷川、永沼麾下的挺身队所取得的战果寥寥无几，但是小规模的游击队在俄军后方行动，却取得了间接的效果，常常让俄军迷惑不已，甚至产生了错觉，以为陷入了众多的日军骑兵的行动之中。俄军因无法掌握实际人数，往往对此估计过高，将一些前线部队调回来，在后方担任警备任务，这直接导致俄军正面战斗力的下降。这也正是挺身队取得的最大战果。

对于日俄两军来说，担负着运送粮食和弹药的后方联络线，是生死攸关的重要生命线。如果不能源源不断地从后方运输军需品的话，其战斗力将大幅度下降。日俄战争期间，日俄两军都在大力加强军需物资与人马的输送。作为满洲军的后方军，日军设置了辽东守备军，各军、师团还设立了直属兵站部队，负责粮食集结、担负运输任务的辎重兵大队、承担医疗任务的卫生队和野战医院，运送弹药的弹药大队。俄军也是如此。

从日本国内运送过来的军需物资，经过满洲军的后方兵站部队，运送到师团的兵站部队，然后再根据需要，从这里运往各师团所属部队的基层组织中去。奉天会战前夕，日本国内在经过多次动员之后，本国的人力方面开始出现枯竭的迹象。补充兵员的质量参差不齐，部分新编成的预备役联队的平均年龄甚至超过了 40 岁。

同一时期，奉天附近的俄军都是从欧洲调来的精锐部队，而其身后还有更多的部队正源源不断地沿西伯利亚铁路开往远东。俄罗斯第十六军于 1905 年 2 月初分批开抵奉天。这个军和 1 月初抵达的第十七军一样，原本驻守在俄罗斯与奥匈帝国的边境线上，是一支颇被俄军上层看重的精锐部队。除了调动部队外，为了向远东增兵，沙皇还下令，从 1887 年退役的第二类预备役人员中征召官兵，而实际上这是一群老兵。此外，先前战斗中损失的人员与器材，也很快得到了补充。虽然被服的问题始终都未能得到解决，俄军服装参差不齐的现象颇为不雅，但此时也无法计较那么多了。因为此时的俄军也处于焦头烂额状态，西伯利亚铁路的运能，已经无法将更多的部队运到奉天附近。

（二）奉天大会战时日俄两军的战斗编成

1. 奉天大会战时俄军战斗序列

（1）俄军满洲军总司令：阿列克谢•尼古拉耶夫维奇•库罗帕特金（大将）

库罗帕特金（1848—1925），出身普茨科夫一个军人家庭，1864 年加入陆军，1898 年进入圣彼得堡担任陆军大臣，直接主持了对中国东北的侵略。1904 年日俄战争爆发后，被任命为远东俄军总指挥官。在任上，库罗帕特金作战态度消极，一心希望通过拖延时间的方式换取兵力上的优势，在多次会战中均被日军击败。奉天大会战后，库罗帕特金被沙皇解除职务。苏联十月革命后，回到一所农村学校教授小提琴。

（2）第一集团军

第一集团军司令为尼古拉•彼得罗维奇•利涅维奇（大将）

尼古拉•彼得罗维奇•利涅维奇（1839—1908），俄国步兵上将。参加过 1877 年的俄土战争，在卡尔斯附近的作战中立过战功。1879 年起历任步兵第八十四团团长和外里海步兵旅旅长。1895 年任南乌苏里地区驻军司令。1900 年任西伯利亚军军长。曾率领帝国主义列强侵华远征军侵入北京，镇压中国义和团运动。1903 年晋升步兵上将。1904 年日俄战争期间任第一集团军司令。1905 年接替阿列克谢•尼古拉耶维奇•库罗帕特金任远东武装力量总司令。1906 年免职。

第 1 军

第 22 师

第 37 师

东西伯利亚狙击兵第 5 师第 2 旅

西伯利亚第 2 军

东西伯利亚狙击兵第 5 师（余部）

西伯利亚第 1 师

西伯利亚第 3 军

东西伯利亚狙击兵第 3 师

东西伯利亚狙击兵第 6 师

西伯利亚骑兵师

第 284 步兵团

西伯利亚第 4 军

西伯利亚第 2 师

西伯利亚第 3 师

东方支队

清河城支队

兴京支队

马德里德夫支队

（3）第二集团军

第二集团军司令：亚历山大•瓦西里耶维奇•考尔巴尔斯（大将）

亚历山大•瓦西里耶维奇•考尔巴尔斯（1844—1925），瑞典贵族后裔，其封地位于今天的爱沙尼亚。毕业于尼古拉耶夫斯克士官学校。1900 年升任西伯利亚第 2 军指挥官，参与了镇压义和团和占领满洲的行动。1904 年 10 月 23 日调任满洲第 3 集团军指挥官。1905 年 2 月接任满洲第 2 集团军指挥官，3 月在从奉天撤退途中摔下坐骑受伤。苏联十月革命后逃往法国巴黎。最高官阶为大将。

第 8 军

第 14 师

第 15 师

阿穆尔哥萨克骑兵团

第 10 军

第 9 师

第 10 师

奥伦堡哥萨克骑兵第 1 团

西伯利亚第 1 军

东西伯利亚狙击兵第 1 师

东西伯利亚狙击兵第 9 师

东西伯利亚狙击兵第 6 师第 2 旅

集成狙击军

狙击兵第 1 旅

狙击兵第 2 旅

狙击兵第 5 旅

西部支队

辽河支队

乌苏里哥萨克骑兵旅

高加索骑兵旅

奥伦堡骑兵旅

（4）第三集团军

第三集团军司令：比利德尔林（大将）

西伯利亚第 5 军

第 54 师

第 61 师

第 34 步兵团

哥萨克骑兵第 1 团

西伯利亚第 6 军

第 55 师

第 72 师

奥伦堡哥萨克骑兵第 10 团

第 17 军

第 3 师

第 35 师

骑兵独立第 2 旅

2. 奉天大会战时日军战斗序列

（1）日本满洲军总司令：大山岩（元帅）

大山岩（1842—1916），日本政治家，明治和大正时期的九位元老之一，元帅、陆军大将，日本帝国陆军的创建者之一。中日甲午战争中任日军第二军长。大山岩是日本侵华的罪魁祸首之一。日俄战争期间任日本满洲军总司令，数次击破占优势的俄军，赢得了近代世界上第一次弱小民族对西方列强的胜利。大山岩早年积极参加明治维新运动，注意吸取国外的新思想，对建立近代资产阶级的日本军队起了重要作用，是促使近代日本称霸亚洲、跻身世界军事强国的关键人物之一。

（2）第一军

第一军司令官：黑木为桢（大将）

黑木为桢(1844—1923)，日本陆军大将。日俄战争爆发后，1904年2月5日任第一军司令官。他率领4万日军在朝鲜顺利登陆，千里长驱，一直到鸭绿江边的九连城才遇到2万俄军组成的东满支队，一战而胜，抢渡鸭绿江，进行了一系列以小搏大的快速的突击，在摩天岭击退了俄军4个军的反扑，在弓张岭夜袭敌军，虚晃一枪深远迂回抢渡太子河，经过血战打败多一倍军力的俄军夺占馒头山，威胁到俄军在辽阳的后路，导致俄军总司令阿列克谢•尼古拉耶维奇•库罗帕特金的神经虚弱，将决战地点不断北移，最后竟然不战而弃辽阳。奉天之战时在追击时从正面突入俄军战斗队形，割裂了俄第一集团军和俄第二、第三集团军的联系，获得重大战果。1905年5月30日被授予勋一等旭日大绶章，军事参议官。

近卫师团

第二师团

第十二师团

近卫后备混成旅团

后备步兵第五旅团

后备步兵第十三旅团

后备步兵第二十九旅团

后备步兵第三十九旅团

后备独立野战炮兵第一大队

第二师团后备野战炮兵第一中队

野战电信队／军兵站部

（3）第二军

第二军司令：奥保巩（大将）

奥保巩(1847—1930)，日本陆军大将。1894年，中日甲午战争爆发，同年底晋中将，任侵华第一军第五师团长，指挥所辖第九、十旅团于10月末入侵辽东地区。与守卫摩天岭通道的清军激战数十次，均未得逞。根据“辽河平原扫荡作战方案”，指挥第五师团与佳太郎的第三师团相配合，于3月初先后攻占鞍山、牛庄、田庄台。所到之处，纵兵焚杀，田庄台被抢劫、焚烧，化为瓦砾场。日俄战争爆发后于1904年3月6日任第二军司令官。率领三个师攻克南山，切断旅顺和俄军主力的联系，转兵北上，在得利寺迂回击败4万来解围的俄军。为支援渡过太子河进行迂回的日本第一军黑木为桢部，他在正面发动强攻，并迫使俄军将本来要反击日第一军的部队三个军拿来恢复阵地，经过一系列尸山血海的大战，俄军终于败退并放弃辽阳，日军前出至沙河一线。他的第二军在沙河、黑沟台两次击败俄军的反扑，并在奉天之战中最后一次打退了俄军的反扑。日俄战争胜利后转任军事参议官，接替儿玉源太郎出任参谋总长。1911年10月24日被授予元帅称号。

第三师团

第四师团

第六师团

第八师团

后备步兵第一旅团

后备步兵第八旅团

后备步兵第十四旅团

骑兵第一旅团

野战炮兵第十三大队

后备独立野战炮兵第二大队

后备独立野战炮兵第三大队

后备独立野战炮兵第四大队

野战电信队／军兵站部

（4）第三军

第三军司令：乃木希典（大将）

乃木希典（1849—1912），陆军大将，对外侵略扩张政策的忠实推行者。1894 年中日甲午战争爆发，乃木希典任侵华日军第二军第一旅团长，是日军在旅顺屠杀 2 万多中国平民的罪魁祸首。

1904 年日俄战争爆发后，任第三军司令，以“肉弹”战术攻克旅顺。之后，北上增援参加奉天大会战。战后任军事参议官。1912 年明治天皇病逝后剖腹自杀，成为日本武士道精神的典型代表。

第一师团

第七师团

第九师团

骑兵第二旅团

野战炮兵第二旅团

后备步兵第十五旅团

后备步兵第四十九联队

野战电信队／军兵站部

（5）第四军

第四军司令官：野津道贯（大将）

野津道贯（1841—1908），陆军大将。中日甲午战争时期的第一军军长，以奇袭著称。日俄战争时期，他虽然是第四军军长，但却是几个军长中资历最深的。奉天大会战的时候，他的第四军接替伤痕累累的黑木为桢的第一军成为突击的主力。1906 年晋升为元帅。

第五师团

第十师团

后备步兵第三旅团

后备步兵第十旅团

后备步兵第十一旅团

野战炮兵第一旅团

野战电信队／军兵站部

（6）鸭绿江军

鸭绿江军司令官：川村景明（大将）

川村景明（1850—1926），陆军大将。1891 年 6 月 1 日晋升陆军少将，任步兵第 8 旅团长，近卫步兵第 1 旅团长，中日甲午战争时率部在台湾作战。1897 年 10 月任第一师团中将师团长，1901 年 4 月为第十师团长。日俄战争中率第十师团出征。1905 年 1 月 15 日晋升陆军大将，当上了扩编的鸭绿江军司令官。奉天会战时，率先行动，执行佯动任务，把俄军的全部预备队吸引到自己当面，为主攻部队突破打下基础。战后任军事参议官，东京卫戍总督。1915 年 1 月，晋升为元帅。

第十一师团

后备第一师团

后备步兵第十六旅团

后备步兵第五十九联队

后备炮兵第一独立大队

野战电信队／军兵站部

3. 奉天大会战前日俄两军所处位置

奉天大会战前，日俄两军主要是在沙河对峙。日俄两军大体上以沙河为分界形成了横向连接的延绵长达 80 公里的战线。

到 1905 年 2 月中旬，俄军总体上防御战线长达 155 公里。在俄军防御阵地中，俄军第二集团军约 91700 人，驻守在今沈阳市辽中区四方台镇至沈阳市苏家屯区王纲街道杨孟达村长达 25 公里的阵地上。俄军第三集团军约 60700 人，驻守在今沈阳市苏家屯区红菱堡街道黑林台村至沙河街道沙河铺村（前桑栏子自然村）长达 20 公里的阵地上。俄军第一集团军约 143000 人，驻守在今沈阳市苏家屯区沙河街道沙河铺村（前桑栏子自然村）

至铁岭县鸡冠山乡一带长达50公里的阵地上。俄军第16军和第172步兵师为总预备队，配置在奉天以南地域，米辛科支队为机动部队，配置在左后侧，另外一些支队部署在两翼掩护。俄军的沙河阵地由堡垒、交通壕、炮台组成。阵地正面设有人工障碍，步、机枪和火炮火力构成绵密火网，与障碍物结合，形成有效的火控地区，奉天城内没有安排守备防御任务。

俄军在沙河北岸一带、奉天附近的兵力约38万人，火炮1386门，机枪56挺。日军在奉天前线的兵力达到了前所未有的25万人，配备各类火炮1062门，机枪200挺。

日军战线的最东端，也就是最右端，为新组建的川村景明的鸭绿江军。该军兵力约有30000人，配备火炮84门，秘密集结在清河城一带（今本溪市满族自治县观音阁水库以北的清河镇）。紧临鸭绿江军左翼的是黑木为桢的第一军。该军兵力约有55000人，160门火炮，被部署在今本溪市一线。第一军西侧为野津道贯的第四军，该军约有兵力55000人，占据着今沈阳市苏家屯区林盛街道地域，毗邻苏家屯区沙河街道，距离奉天城区不足20公里。位于日军战线最左翼，也就是最西端的是奥保巩的第二军，该军兵力约有57000人，火炮270门，固守着从林盛街道到浑河之间的地域。1905年2月初，攻陷旅顺的日本乃木希典的第三军未等休整完毕，便匆匆北上与满洲军会师。作为日本满洲军的预备队，已经在辽阳附近集结。

（三）日俄两军作战计划

自战争爆发到1904年底，日军已扩编17个陆军师，动员总兵力达到90万人，战争能力已近极限。战争加重了日本财政负担，日本国内出现了日益严重的经济危机，许多政界要人忧心忡忡地预测，如果战争继续旷日持久，日本将陷于极度困境，从而输掉这场战争。日本战时大本营希望通过发动一场大决战，歼灭远东俄军主力，尽早结束战争。满洲军总司令大山岩根据战时大本营的战略意图，制定了奉天之战的决战计划：1.鸭绿江军以其主力或一部由碱厂（今本溪市本溪满族自治县东部山区碱厂镇）方向，向抚顺方向前进，威胁敌左侧背。2.第一军以尽量多的兵力威胁敌军，可能时即攻击之；第四军于现有阵地上做好随时可以出击之准备。3.第二军以尽多之兵力，攻击官立堡（今沈阳市苏家屯区八一街道官立堡村）附近之敌军右翼；第三军沿浑河与辽河之间前进，向敌军侧背深远机动；总预备队初期开进烟台（今灯塔市）附近，以后根据战况，逐渐在第二军左翼后面运动。这个作战计划的特点是：正面牵制，两侧迂回突破。奉天决战前，日军实施了大量的战术欺骗。

与此同时，俄军经过几次失败，库罗帕特金意志颓丧，更加消极，但是迫于沙皇压力，在得到大量兵员和物资补充之后，他仍然强打精神，重新调整作战部署，准备从右翼发起攻击。库罗帕特金害怕日军迂回战术的心理到了极点，把部队一线展开，像线式横队一样使正面拉得很宽，导致其致命弱点明显的不利于部队迅速变更部署。库罗帕特金原定于2月25日发起对日军进攻，可日军却于2月23日抢先发起对俄军的进攻，奉天大会战就此拉开了序幕。

Le Petit Journal

Le Petit Journal
CHAQUE JOUR — SIX PAGES — 5 CENTIMES
Le Supplément illustré
CHAQUE SEMAINE 5 CENTIMES

5 Centimes SUPPLÉMENT ILLUSTRÉ 5 Centimes

Le Petit Journal QUOTIDIEN, 5 cent. | Le Petit Journal militaire, maritime, colonial. 10 c.
L'AGRICULTURE MODERNE, 5 cent. | La Mode du Petit Journal, 10 cent.
On s'abonne sans frais dans tous les bureaux de poste

ABONNEMENTS

	SIX MOIS	UN AN
SEINE ET SEINE-ET-OISE	2 fr.	3 fr. 50
DÉPARTEMENTS.........	2 fr.	4 fr.
ÉTRANGER.............	2 50	5 fr.

Quinzième année — DIMANCHE 6 MARS 1904 — Numéro 694

LES ÉVÉNEMENTS D'EXTRÊME-ORIENT
L'Empereur du Japon remettant les drapeaux à ses troupes

明治天皇为日军授旗出征 1904年3月6日，《Le petit Journal》增刊图文报道。彩色石印画一幅。图说：明治天皇将战旗授予即将出征的军队，希望他们带回胜利的荣耀。明治天皇（1852—1912）于1867年2月13日登基，他曾率领文武百官宣誓“求知识于世界”，随即展开明治维新，从军备武器到政治制度进行全面改革，奠定了日本近代化的强国基础。明治政府于明治22年（1889）制定《大日本帝国宪法》（明治宪法）。明治宪法第一条规定：“大日本帝国由万世一系的天皇统治之”。明治宪法系基于天皇主权的原理，由天皇总揽立法、司法、行政之统治权。此外，行政各部的官制、陆海军的统帅、宣战的公布、条约的缔结等，都属于天皇的大权。从此，天皇摇身一变，成为神圣不可侵犯的“神人”。

Seizième année. — N° 790. Huit pages : CINQ centimes Dimanche 27 Mars 1904.

Le Petit Parisien

TOUS LES JOURS
Le Petit Parisien
(Six pages)
5 centimes
CHAQUE SEMAINE
LE SUPPLÉMENT LITTÉRAIRE
5 centimes

SUPPLÉMENT LITTÉRAIRE ILLUSTRÉ

DIRECTION: 18, rue d'Enghien (10e), PARIS

ABONNEMENTS
PARIS ET DÉPARTEMENTS:
12 mois, 4 fr. 50. 6 mois, 2 fr. 25
UNION POSTALE:
12 mois, 5 fr. 50. 6 mois, 3 fr

LA GUERRE RUSSO-JAPONAISE

A SAINT-PÉTERSBOURG. — DÉPART DU GÉNÉRAL KOUROPATKINE

沙皇尼古拉二世送别俄军总指挥 1904年3月27日，《Le petit parisien》增刊图文报导。彩色石印画一幅。小标题为《俄军总指挥库罗帕特金离开圣彼得堡》。日俄战争开战前，担任远东总督的阿列克谢耶夫由于从未有过实际战功，在强大舆论质疑下，沙皇不得不改派陆军大臣库罗帕特金为满洲军总指挥，尼古拉二世对库罗帕特金期望甚高，不但亲自送别库罗帕特金，还为他佩戴了象征最高荣誉的第一宝星勋章。

日军参谋部参谋总长山县有朋（左图） 山县有朋（1838—1922），日本军人，政治家，历任陆军卿、参军、参谋本部长、内务大臣、农商大臣。他对日本军事发展贡献巨大，被称为“日本陆军之父”。他一手打造了现代化的日本“皇军”，开创了日本军部干涉政治的先例，直接参与策划和指挥了对中国清王朝和沙皇俄国的战争并取得胜利。他对日本迅速跻身为世界军事强国发挥了重要作用，也使日本在军国主义道路上一路狂奔，再不回头，直到毁灭。

日本满洲军总司令大山岩（中图） 大山岩（1842—1916），日本帝国陆军的创建者之一。日俄战争期间的日本满洲军总司令，是促使近代日本称霸亚洲、跻身世界军事强国的关键人物之一。1814 年作为陆军大臣，积极参与策划发动中日甲午战争，战争爆发后任第二军司令官，指挥攻占中国金州、旅顺和围攻威海卫等战役，是旅顺大屠杀的罪魁。1904 年日俄战争爆发后任满洲军总司令官。他依靠变幻莫测的攻击路线，张弛有度的战场控制节奏，指挥日军在辽阳会战—沙河会战、旅顺围攻战和奉天大会战中将数量居于优势的俄军打得一败涂地，为最终获得战争胜利奠定基础。

俄军满洲军总司令库罗帕特金（右图） 库罗帕特金（1848—1925），俄罗斯帝国军人，早年给斯科别列夫当参谋长，获得了一系列辉煌的胜利，官至步兵上将，陆军大臣，日俄战争期间的俄军总司令，他的优柔寡断被认为是俄军失败的主要因素之一。

日军二元帅六大将　日军两大元帅和六大将在奉天城里的日本满洲军总司令部（奉天军政署）合影。左一为第一军司令黑木为桢大将、左二为第四军司令野津道贯、左三为参谋总长山县有朋元帅、左四为满洲军总司令大山岩元帅、左五为第二军司令奥保巩大将、左六为第三军司令乃木希典大将、左七为满洲军总参谋长儿玉源太郎大将、左八为鸭绿江军司令川村景明大将。照片左上方有不太清晰的门楼，即大南门三层门楼，已经破败。摄于1905年7月26日

俄军增援部队抵达茅古甸车站 奉天大会战前夕，俄罗斯从本土调来的部队抵达茅古甸车站（沈阳火车站），今已无存。其中有不少都是从欧洲调来精锐部队，而其身后还有更多的部队正源源不断地沿西伯利亚铁路开往远东。俄军乘西伯利亚火车，长途跋涉到奉天，坐火车大概要历时40多天。摄于1905年

俄军增援部队抵达茅古甸车站 俄军在沙河对峙期间，就从本土往奉天大量调运部队，这是从俄罗斯国内运来的部队刚刚抵达茅古甸车站（沈阳火车站）。摄于1904年

停靠浑河岸边的俄军运输船队 俄军在充分利用货车调兵遣将的同时，也在运用各种工具、通过各种渠道运输兵力和物资。这是俄军运输物资的船队停靠在奉天附近的浑河岸边。摄于1904年

俄国红十字会护士在圣彼得堡火车站　俄国红十字会的护士在圣彼得堡火车站离境前往满洲奉天前线。照片中这些年轻的面庞也许永远长眠于上万公里之外的远东。摄于1905年

牧师为即将开赴前线的俄军士兵祈祷　开往战争前线前，俄军士兵在茅古甸火车站接受牧师祷告。俄国人大多信奉东正教，随军牧师正在为他们祈祷，给予他们精神慰藉。摄于1904年

俄军大炮运抵前线茅古甸车站 俄军昼夜不停地从俄罗斯内地通过西伯利亚铁路运送部队和军用物资，到达中国奉天战争前线。俄军的运输能力已达到饱和极限，需要更多的物资还无法满足。摄于1905年

库罗帕特金视察部队 在一个村庄里，俄军满洲军总司令库罗帕特金正在视察前线第四军，俄第四军的部分将士恭敬地向库罗帕特金行着军礼，民房墙内可见一些士兵正看着墙外的库罗帕特金将军。摄于1905年

俄国军队进驻奉天城 俄国军队进驻奉天，鼓手为军队前导，浩浩荡荡地穿过大街。街道旁的奉天市民好奇地张望着。摄于1905年

俄军士兵敲锣打鼓穿过奉天城里 刚刚抵达奉天的俄军士兵大摇大摆地走在奉天街路上，带着占领者的洋洋得意的表情，全无预料到几日后战败时的狼狈仓皇。摄于1905年

大西门（怀远门）上的俄军与山炮 乔治•厄内斯特•莫理循（George Ernest Morrison,1862—1920），澳大利亚人，曾任《泰晤士报》驻华首席记者，中华民国总统政治顾问。他曾在北京居住 20 余年，亲历了近代中国一系列重大历史事件。1905 年初，莫理循来到奉天，留下了一些记录奉天的照片。这张照片记录的是难得一见的大西门（怀远门）城楼上的场景。但见城楼巍峨，飞檐凌空，风铃随风鸣动，然“雕栏玉砌应犹在”，唯有俄军架在瓮城上的一大一小的两门山炮，凸显了奉天大会战前的肃杀气氛。摄于 1905 年

俄军穿过奉天边门 俄军一队骡马运输队穿过奉天边门。骡马驮着很多军需物资，这些骡马是俄军从中国老百姓手上抢来的，还是从俄国内地运过来的不得而知。摄于 1904 年

俄军运输车队穿行在奉天大街上 俄军运输车队拉着军需物资正行进在奉天主要街道上。摄于1904年

日俄战争初期的奉天街道 日俄战争初期，奉天被俄军占据，照片中可见一个穿着白色衣服的俄兵骑马穿行在中街上。摄于1904年

日军援军朝十里河前进　奉天大会战前夕，日俄两军都在积极调兵遣将，准备投入残酷的奉天大会战，欲将敌军置于死地。照片中为日军援军抵达十里河（今沈阳市苏家屯区十里河街道）。摄于 1905 年

虎皮驿城下两个抬水的日军士兵　寒冬时节，滴水成冰，白雪皑皑。日军两名士兵着军便服一前一后正在抬水。后面的城墙非常高大壮观，应该是虎皮驿城。1905 年，虎皮驿城还是比较完整的。虎皮驿地址位于今沈阳市苏家屯区十里河街道十里河村南，现沈阳市第六十五中学校位置。据《沈阳县志》载："虎皮驿为明代驿站，其城，周围一里一百三十米，南设一门"。明万历四十六年（1618），辽东总兵贺世贤及名将柴国柱曾先后驻防于此。明天启年间，熊廷弼经过辽东时曾巡查到此，并设兵防守。1621 年，清太祖努尔哈赤进攻辽阳时，先进兵虎皮驿。今虎皮驿城的北面已无明显遗迹，西北和西南各有一个土包残存。摄于 1905 年

五、奉天大会战初期

进入1905年2月以后，日军积极准备发起进攻。2月23日，日鸭绿江军顶风冒雪，从太子河上游山区北进，在第一军的支援下，开始向俄第一集团军侧翼攻击。2月25日，日军占领了清河城。当发现鸭绿江军中的第十一师团是参与过围攻旅顺、山地作战经验丰富的日第三军部队后，俄军满洲军总司令库罗帕特金下令从总预备队中抽调出一个旅团去加强战线的左翼，避免俄第一集团军在“日军精锐山地军团”的打击下溃败。在之后的几天里，日鸭绿江军继续在东线山区对俄军发起持续攻势，不断进逼。种种情报最终使库罗帕特金判断，日军正对俄军左翼发动主攻。他将俄第16军悉数调往东部战线，协助俄第一集团军阻击日军的攻击势头。这一举动正中日军下怀，因为鸭绿江军的任务，只不过是诱敌而已。作战初始阶段的顺利，令日满洲军总司令部欣喜若狂。

2月27日凌晨，日第三军在日军左翼分成五个纵队开始向前行进，其他各军为了咬住俄军，开始发动攻势；中午，当得知日第三军乃木希典的部队出现在战场的西侧后，俄满洲军总司令库罗帕特金陷入了两难的境地。此时，俄军防线正面宽度约100公里，全防区宽度达155公里。防线两翼以中长铁路为基准，部队调动全靠马匹与士兵双脚，所以从左翼重新集结兵力复又投入到右翼需要两三天时间。

2月28日，日军中路开始发动牵制作战。全军的攻城重炮在此集结，集中火力攻击俄军在沙河一带的工事。在旅顺摧毁了俄军舰队的280毫米榴弹炮也及时赶到参加了战斗。但由于炮弹不足且射速缓慢，加之大地冻结，未对俄军造成太大的损害，但这些巨炮轻易击碎重型地堡顶盖的惊人威力，令俄军士兵大惊失色，摧毁了俄军士兵本就不甚坚定的抵抗意志，防线上的俄军不断向上级要求撤退。与此同时，日鸭绿江军的攻击也出现了停滞不前的趋势。28日过后，日军右翼鸭绿江军在俄军的强力阻击下，丝毫无法前进了。另一方面，日第三军在俄军的右翼进攻时，如入无人之境，没有遭遇俄军的阻击。尽管他们是从后方进入前线，但在28日就行进到与日第二军并肩前进的区域。2月28日，鉴于第三军已经进入前线，日满洲军总司令部决定于3月1日发起总攻。此前的日军行动都是为了将俄军预备队吸引到日军右翼的鸭绿江军一侧，这一目的已顺利实现。

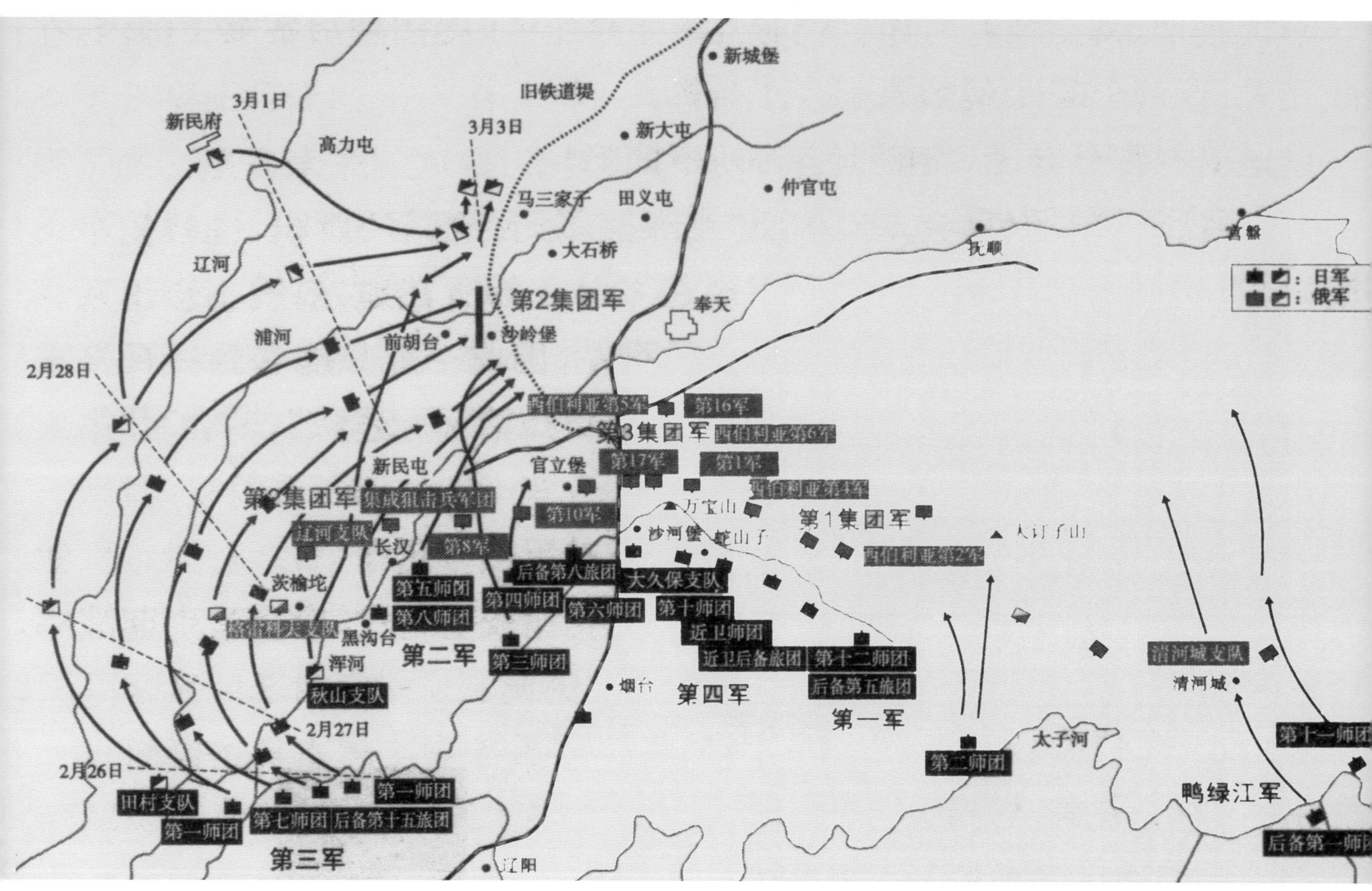

奉天大会战初期战斗略图

日军在唐家屯附近炮击 日第一军近卫野战炮兵联队第二中队在今清原满族自治县夏家堡镇唐家屯村附近的山地上向俄满洲第一集团军阵地开炮。摄于1905年2月27日

日军徒步炮兵第一联队阵地 日第四军徒步炮兵联队第一联队阵地，此阵地位于今沈阳市苏家屯区红叶山北方。摄于1905年2月27日

日军战利加农中队炮击　日第四军战利加农炮阵地。从蛇山子（今沈阳市苏家屯区陈相街道蛇山子村）附近往俄军阵地（今沈阳市苏家屯区永乐街道富家屯村）开炮。摄于 1905 年 2 月 27 日

日军战利加农中队炮击 日第四军在红叶山（今沈阳市苏家屯区红叶山）附近向富家屯（今沈阳市苏家屯区永乐街道富家屯村）俄军阵地开炮。摄于 1905 年 2 月 27 日

日军三角山榴弹炮炮台 日第四军在三角山（今沈阳市苏家屯区三角山）南麓的榴弹炮炮台。摄于 1905 年 2 月 27 日

日第四军第十师团一部集合地　日第四军第十师团一部在蛇山子（今沈阳市苏家屯区陈相街道蛇山子村）东南方集合地集合。此时，日军打算从中路发动牵制作战，拖住俄军部署在中央与右翼的第三、第二集团军。摄于 1905 年 2 月 28 日

日第四军第十师团一部集合地 日第四军第十师团在位于蛇山子（今沈阳市苏家屯区陈相街道蛇山子村）东南方一处集合地。摄于 1905 年 2 月 28 日

日军炮击 日第四军在位于蛇山子（今沈阳市苏家屯区陈相街道蛇山子村）一处阵地，向位于万宝山（今沈阳市苏家屯区万宝山）的俄军阵地开炮。摄于 1905 年 2 月 28 日

红叶山附近日军炮兵阵地 位于红叶山（今沈阳市苏家屯区红叶山）附近的日第四军炮兵阵地。日军装备配置比较好，二月的沈阳天气非常寒冷，日军个个都穿着军大衣。阵地上的几门大炮炮口对着远方，沙土袋垒起的防御工事很坚固。阵地上暂时的宁静，开战时则炮声震天。即使日军炮火很猛，但攻打俄军占据的万宝山阵地时也是强攻不下，付出了很大的伤亡。待俄军主动放弃阵地后，日军方占领了俄军阵地。日军向奉天方向追击俄军。摄于1905年2月28日

六、奉天大会战中期

奉天大会战中期从1905年的3月1日到3月7日。

1905年3月1日清晨，日军向俄军发起了全面进攻。可是，日军除了第三军外，其他各军发起的攻击均遭到了俄军的阻击而无法前进。日军两面包抄俄军的行动，进展得并不平衡。向俄军右翼迂回的日军乃木希典的第三军进攻颇为顺利，而日军的右翼几乎毫无进展，甚至俄第一集团军司令官利涅维奇还抢先对日军黑木为桢率领的第一军进行反击。在东线即俄军左翼，俄军利用山地条件和兵力优势，在自己阵地上，屡次挫败日军鸭绿江军从右翼包围俄军的企图，使日军在孤家子（今抚顺市抚顺县马圈子乡孤家子村）、救兵台（今抚顺市区东南，是通往清河城、本溪、桓仁等地的要塞）阵地前寸步难行，无法按既定目标向抚顺推进。奉天会战时的俄军阵地，挖设了散兵壕和掩体的火力点，铁丝网和鹿砦、地雷等人工障碍物，与火力组合起来，具有极佳的防御效果。重炮兵旅团新加入了日军第四军，使第四军得到了280毫米以下的各种火炮的支援。即便如此，第四军向万宝山、沙河的进攻还是以失败告终，日第四军重复了日第三军在旅顺的厄运：冲锋—干掉—再冲锋—再干掉，乐此不彼，仅一天，日第四军就死伤约4000人。日第二军的第四师团和第五师团，白天发动进攻失败之后，夜袭也失败了，一日之内损失近5000人。鉴于战场情况，1905年3月3日，日满洲军总司令部决定更换战术，令鸭绿江军进攻抚顺；第一军，切断抚顺与奉天的联系；第二军，向西北少许旋转，进攻俄军西线侧面；第三军，向奉天更后方迂回；第四军，进攻俄军正面。

在日第二军、第四军与俄军殊死搏斗期间，日第三军依然能够继续顺利地发动攻击，这主要是日第三军前方没有强敌。1905年3月1日，日第三军攻占辽中重镇四方台，并继续向纵深前进。

1905年3月2日，日第三军骑兵田中支队占领了辽西重镇新民府。新民府距奉天56公里，位于辽河以西。日俄在满州开战，清政府不只“中立”，还划定了一块“交战区”。既然有了“交战区”，那就受国际法保护，出了圈就是中立区，只要两国有一兵一卒进来，都算违反国际法。可日本人打红了眼，干脆跨越交战区边界——辽河，进入新民府。新民府处于京奉铁路末端，临近辽河兵站要冲，铁路、水路运输方便，因此遭日第三军强行侵占。清政府虽强烈抗议，但日军置之不理。与此同时，日第二军向郎家堡(今沈阳市铁西区翟家街道郎家村)方向实施突破。俄军右翼形势异常危急，俄第二集团军司令考尔巴尔斯连续向总司令部告急求援，俄满洲军总司令库罗帕特金这才感到形势严峻，判明日军的真实意图是要从西线迂回，切断自己的退路，最后将俄军合围于奉天城下。于是他慌忙往西线调动预备队，令托波尔宁中将率16军火速向西线运动，在北起道义屯、经杨士屯、南达沙河北岸建立新防御地带，坚决阻止日军的前进。同时，又令第二集团军司令考尔巴尔斯组织指挥一个由72个步兵营组成的反突击集群，适时对敌实施反突击。

1905年3月3日，日第三军的先头部队骑兵第二旅，在田村久井少将的指挥下，沿板桥（今沈阳市苏家屯区十里河街道板桥铺村）——大房身（今沈阳市于洪区马三家街道大房身村）继续向奉天以北推进，中途与俄军增援部队遭遇。俄军以优势兵力将田村旅包围在大房身。是日夜间，日军趁夜暗突围而去。俄第16军赶到西线后，军长托波尔宁决定先占领被日军占领的重镇沙河堡。此时，日第三军第一师团在北部已前出至距离奉天10多公里处，乃木希典急令第一师团停止向西北推进，折回沙河堡，击退俄第16军的进攻。战斗打响后，俄军还很顺利，沙季洛夫骑兵旅冲击迅猛，把日军逼至沙河堡镇内，俄军距该镇仅500余米。后被一份假情报所迷惑，俄军停止了对沙河堡的进攻。

1905年3月5日，俄满洲军总司令库罗帕特金调整西线兵力部署，临时组建格勒恩格罗斯、托波尔宁、采尔皮茨基等三个梯队，向日第三军发动进攻。俄军计划格勒恩格罗斯纵队首先转入进攻，向奉天西北的大石桥（今沈阳市于洪区永安桥）方向实施主要突破。托波尔宁率领的16军和采尔皮茨基纵队视主攻纵队推进情况，分别向五岭堡（奉天以西）、杜花堡（奉天西南）方向转入进攻。密集炮火轰击后，俄军很快占领了几个自然村，俄军继续向前推进。日第三军司令乃木希典急忙调集兵力，拼命阻止了俄军的攻势。

1905年3月6日，俄军突袭日第三军后备步兵第15旅团，日整个旅团完全没有招架之功，只有挨打的份儿。紧接着，日第三军派遣第一师团、第七师团前往援助，不到一天，第一师团损伤大半。若非日第二军在1905年3月7日清晨予以配合，牵制住俄第16军步伐，恐怕日第三军迂回行动就要泡汤了。

1905年3月7日，日第三军前出至转弯桥（今沈阳市于洪区造化镇大转湾村）、造化屯（今沈阳市于洪区造化镇造化村）、道义屯（今沈阳市沈北新区道义街道）一线，完成对俄军全线的纵深包围。

日第二军为配合第三军的行动，向当面之敌全线进攻，其中尤以于洪屯争夺战激烈。于洪屯位于奉天以西20余公里处，是日第二军和第三军的接合部，地位比较重要。俄军第25步兵师占领了这个地区，如同一把尖刀随时可能切断日第二军和第三军的联系。日第二军司令奥保巩为解除这一威胁，命第5旅进攻于洪屯。1905年3月7日凌晨，日军第5旅趁黎明前的黑暗突然袭击俄军占领的于洪屯和附近的张士屯。俄第16军试图实施反突击，但没有夺回阵地。俄满洲军总司令库罗帕特金认为，于洪屯的得失关系到奉天以西防御的安危，命令俄第二集团军司令考尔巴尔斯亲自指挥，夺回于洪屯。考尔巴尔斯赶到前线，组织35个步兵营轮番向于洪屯进攻，日军虽拼死抵抗，数次击退俄军的冲击，终因伤亡过大，无力继续防守，傍晚退出了于洪屯。俄军虽然以伤亡5000多人的代价取得了胜利，却没能如库罗帕特金想象的那样可以改善西线的整个态势，日第三军继续向北迂回。日军虽然损失3763人，却以一旅之众牵制了俄军大批兵力，有力地配合了其他方向上的作战。

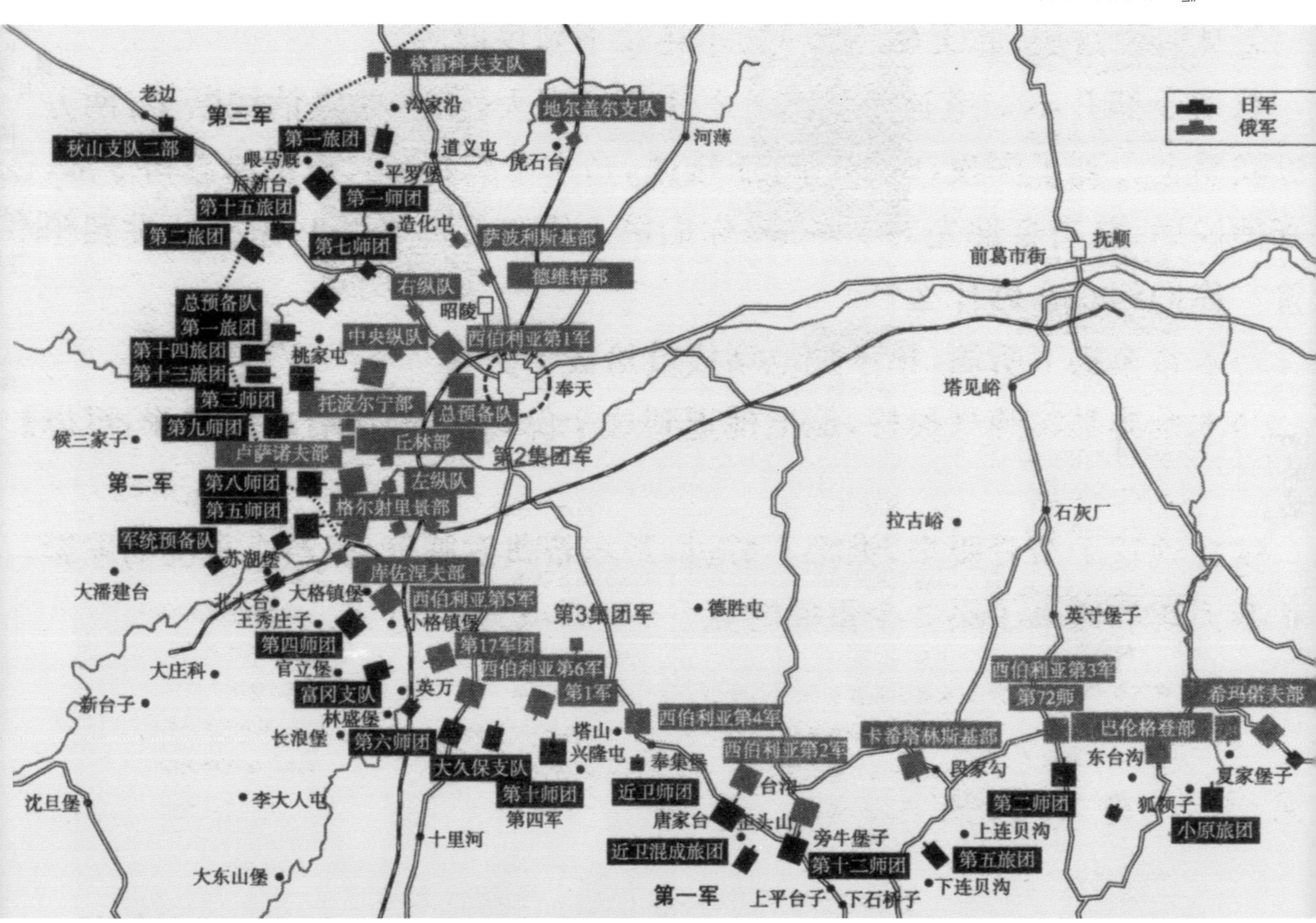

奉天大会战中期战斗略图

山龙峪日鸭绿江军司令部 1905年2月24日，日军攻占清河城（今本溪市本溪满族自治县清河古城）后急追俄军，一举攻占了北塔以及马郡郸。1905年2月27日，鸭绿江军后备第一师团向障堂进军，第十一师团向板城峪进军，日军总预备队向三龙峪进军，之后连日猛烈攻打正面俄军，但受山地制约，受到俄军的顽强抵抗，没能如愿攻进，直到1905年3月8日一直维持现状。马郡郸、板城峪、山龙峪等位于今抚顺市抚顺县救兵乡。照片中为山龙峪日鸭绿江军司令部。摄于1905年3月2日

日军第十一师团野战病院收治伤员 日鸭绿江军第十一师团第三野战病院在山龙峪（今抚顺市抚顺县救兵乡）收治日本伤员。三月初的东北，天气依然十分寒冷，受伤的士兵如果得不到迅速救治，病情会加重。摄于1905年3月2日

五百牛录堡子西南方高地 五百牛录堡子为今抚顺市抚顺县救兵乡五牛村。日本于1916年在抚顺市抚顺县救兵乡五牛村北大台子山顶，建立了一座“奉天会战鸭绿江军战绩碑”。该碑恰是日俄侵华的一罪证物。此碑坐落于大台子山，南俯五牛村，北望救兵台，西连起伏群山，东扼板城、山龙峪两道沟川出入救兵、抚顺之要塞，其地势险要，历来为兵家必争之地。日俄战争时，俄军扼守于此，与日军发生激战，至今战壕弹坑尚存。摄于1905年3月5日

日军在救兵台攻击 1905年3月5日黎明时分，日军第十一师团向位于救兵台（今抚顺市抚顺县救兵乡）一带的俄军进行攻击，但受到俄军的顽强阻击，日军死伤惨重，没能攻下俄军阵地。照片为在山龙峪北部高地，日鸭绿江军第三炮兵中队对俄军进行炮击。摄于1905年3月5日

日军鸭绿江军司令官川村景明进行战况视察　1905年3月7日，在奉天大会战重要时刻，日鸭绿江军司令官川村景明在山龙峪北部高地上，视察马郡郸战况。山龙峪、马郡郸都位于今抚顺市抚顺县救兵乡，两地均为兵家必争之地。摄于1905年3月7日

兵燹中的马郡郸　马郡郸现在称作马郡村，是抚顺市抚顺县救兵乡下辖的14个行政村之一。它有着悠久的历史，在初唐时叫寒江城，至今流传着唐朝名将薛丁山三下寒江与樊梨花喜结连理的爱情故事。在明代，抚顺有“一城一关四堡”等边防机构，即抚顺城、抚顺关、会安堡、东州堡、马郡郸堡、山龙峪堡，其中后三个堡都位于现在的救兵乡境内，可见其地理位置的重要。在日俄战争期间，俄军还在马郡郸建立了兵站，确立了马郡郸——救兵台防线，又修建了一条从抚顺城经小东洲、马郡郸至山龙峪的轻便铁路，专用于运输兵力、物资、枪械和弹药，以抵御从南部进犯的日军。此时的马郡郸堡处于日俄两军激烈交战中，战火在村中熊熊燃烧。摄于1905年3月8日

日军从三城子向歪头山炮击　歪头山位于今本溪市溪湖区歪头山镇，境内四周环山，南与今石桥子经济技术开发区接壤，西接今辽阳市柳河子镇，北与今沈阳市姚千户镇相邻，东邻张其寨乡。日第一军从三城子向歪头山开炮。摄于1905年3月1日

俄军炮弹落在达子堡附近日军临时绷带所　达子堡位于今本溪市溪湖区歪头山境内，与沈阳市苏家屯区姚千街道毗邻，俄军炮弹落在达子堡附近日军临时绷带所。摄于1905年3月3日

日军在达子堡南方高地露营 日军步兵第六十连队第四中队在今本溪市溪湖区歪头山镇达子堡南方高地露营。摄于1905年3月7日

日军收容日俄两军死伤者 日军在短暂休战中收容日俄两军战斗中死伤者。摄于1905年3月7日

日军远眺马耳山　马耳山位于今沈阳市苏家屯区东南部，坐落在姚千街道西南六公里处，与本溪市歪头山对峙相望，因山顶有三座山峰并排矗立，远看近似马耳，故得名马耳山。照片中为日第一军远眺马耳山。摄于1905年3月

日军在马耳山的防线　日军在1905年3月7日后已经攻占马耳山，照片中为日军在马耳山的防线。摄于1905年3月

日军第一军在半拉山子的弹药库 日第一军设在半拉山子的弹药库，半拉山子位于今辽阳市灯塔市铧子镇半拉山子村。摄于 1905 年 3 月

靠山屯附近百姓避难的穴居 沈阳市苏家屯区姚千街道所属马耳山村，由靠山屯村、乌金沟村、马耳山村合并组成。靠山屯村，因该村后边有一个山包，当地人叫后山，故得名靠山屯。1904 年和 1905 年日俄两军在奉天城南的沙河两岸对峙，战争让当地百姓流离失所，有家难回。为躲避日俄两军的战火，有的农家挖简易地窖穴居。一来村庄房屋密集明显，极易成为攻击目标，二来住在地窖也可避免炮弹击毁房屋带来的伤亡，且易于跑路。摄于 1905 年 3 月

日军第四军司令部在大沟附近行进中　大沟位于今沈阳市苏家屯区大沟街道。大沟之名，始于清乾隆二十年（1755），由于当时整个街面地势较洼，经多年的雨水冲刷形成了一条沟，一到雨季就成为一条大水沟，于是大沟这个地名就叫开了。照片中为日第四军司令部在大沟附近向北行进，准备向北部沙河一带的俄军进攻。摄于1905年3月1日

日军在大庄河西方向俄军进攻　日第四军第五师团步兵第九旅团第四十一联队在大庄河西方广阔的田野上，正在向俄军发起进攻。大庄河位于今沈阳市苏家屯区王纲街道。摄于1905年3月3日

日军第四军在唐家堡子阵地炮击　日第四军在唐家堡子向长胜堡俄军阵地炮击。唐家堡子位于今辽阳市灯塔市铧子镇唐家堡子村。长胜堡位于今沈阳市苏家屯区沙河街道。摄于1905年3月3日

日军一部在后三道岗子准备战斗　日军后备步兵第三十四联队第六中队在后三道岗子准备战斗。后三道岗子位于今沈阳市苏家屯区沙河街道三道岗子村，三道岗子村由原后三道岗子村、前三道岗子村和魏家楼子村3个自然村合并而成。摄于1905年3月5日

日军伤兵在绷带所进行包扎（左图） 日第四军后备步兵第三十四联队在前三道岗子（今沈阳市苏家屯区沙河街道三道岗子村）向俄军的进攻中，伤亡惨重。照片中为受伤的士兵在临时绷带所进行包扎。摄于1905年3月5日

在地窨子里的日大久保支队司令部（下图） 日军大久保支队司令部设在前三道岗子（今沈阳市苏家屯区沙河街道三道岗子村）的地窨子里，东北的地窨子既保暖又隐蔽。摄于1905年3月4日

日军在前三道岗子向俄军射击 三道岗子（今沈阳市苏家屯区沙河街道三道岗子村）是日军据守在沙河一带向俄军进攻的重要阵地，日第四军在此投入了大量兵力。日军在进攻中伤亡很大，攻击效果不佳，几天下来没有什么进展，俄军阵地依然坚不可摧。图为日第四军后备步兵第三十四联队第五中队在战壕里向俄军射击。摄于1905年3月5日

日军在前三道岗子战斗 日第四军后备步兵第三十四联队第六中队在前三道岗子进行战斗。摄于1905年3月5日

日军在后三道岗子东北端战斗 日第四军大久保支队今井机关炮队在后三道岗子（今沈阳市苏家屯区沙河街道三道岗子村）同俄军进行激烈的战斗，双方均伤亡惨重。照片中可见日军隐蔽在一处被炸毁的农民房屋处，三名日军士兵在沙袋后面正在用机关枪向前方扫射，一名日军士兵正在回头看给他们拍照的摄影师。摄于 1905 年 3 月 5 日

日军在前三道岗子战斗 日第四军后备步兵第三十四联队第五中队在前三道岗子（今沈阳市苏家屯区沙河街道三道岗子村）东端向俄军射击。摄于1905年3月5日

日军在柳匠屯向俄军攻击 日第四军第十师团步兵第八旅团第四十联队在柳匠屯（今沈阳市苏家屯区陈相街道柳匠屯村）向俄军阵地发动攻击。摄于1905年3月7日

日军在万宝山、柳匠屯投入战斗　日军第四军步兵第四十联队第三中队的士兵们正蜷缩在战壕里准备战斗。日第十师团于1905年3月1日做好战斗准备，1905年3月2日，其中一部攻打柳匠屯（今沈阳市苏家屯区陈相街道柳匠屯村），一部攻打万宝山（今沈阳市苏家屯区沙河街道），攻到俄军阵地前二、三百米处，就很难再前进，仅仅能击退俄军的反击守住现有阵地。1905年3月5日，日军一部又与俄军进行激战，但仍然没有进展，还是退回原来的阵地，直到1905年3月7日夜，一直保持现状。照片中为日步兵第四十联队在1905年3月7日正午攻打柳匠屯。摄于1905年3月7日

日军第十师团在平山的司令部　日第四军第十师团在平山的司令部。平山位于今沈阳市苏家屯区大沟街道团山寺村一带。摄于1905年3月7日

日军野战卫生队收容伤员　日第四军第十师团野战卫生队在蒲草洼收容伤员。在奉天大会战中，日第四军在进攻万宝山、沙河一带俄军阵地时，伤亡很大。蒲草洼即今沈阳市苏家屯区陈相街道丰收村。丰收村，于清初形成的村落，因为村子地势比较洼，盛产蒲草，一直到“文革”前，村名都叫蒲草洼。1968年村名改为丰收村。摄于1905年3月7日

日军在三角山南麓向沙河堡俄军阵地炮击　三角山、平山、岩山、无名山、红叶山都在今沈阳市苏家屯区陈相街道、大沟街道一带。1905年3月，日第四军在此处，向俄军占据的沙河堡、万宝山一带进攻，战斗十分激烈。在奉天大会战中期的相持阶段，日军想前进一步都非常困难。摄于1905年3月7日

日军第五师团预备队　1905年3月1日，日军第五师团攻击张庄子（今灯塔市沈旦堡镇张庄子村）附近的俄军，俄军顽强抵抗，日俄两军陷入苦战，日军第五师团第21联队长稻叶中佐和第三大队长松永少佐相继战死，日军第五师团长决定派预备队进行支援。照片中桥上桥下人群就是位于姚坨子（今辽阳市灯塔市沈旦堡镇窑坨子村）第五师团预备队的军人。摄于1905年3月1日

日军第五师团攻打周官堡　1905年3月2日，日军第五师团攻打周官堡（今辽阳市灯塔市沈旦堡镇周官堡村，在张庄子村东北约三公里）附近的俄军。照片中为攻击中前进的一部分日军步兵和掩护其前进的第五联队的炮兵。摄于1905年3月2日

日军第五师团攻打王纲堡（上图） 1905年3月3日，日第五师团从周官堡（今辽阳市灯塔市沈旦堡镇周官堡村）出发，向王纲堡（今沈阳市苏家屯区王纲街道王纲堡村）进军。日军炮兵向王纲堡附近开炮，致使俄军遭受了严重损失。摄于1905年3月3日

浑河堤上的日军第五师团司令部（下图） 1905年3月4日，日军第五师团占领了沈阳浑河下游约4里的大榆树堡（今沈阳市张士开发区翟家街道东）。照片中为浑河大堤上的第五师团司令部。摄于1905年3月4日

日军第八师团司令部在黑沟台附近 1905年3月1日，在黑沟台（今辽阳市灯塔市沈旦堡镇黑沟台村）附近与俄军战斗中，日第二军第八师团司令部在浑河右岸一个高地上。摄于1905年3月1日

日军第二军在韭菜河子西北方进行战斗

1905年3月1日，日第二军在韭菜河子村（今辽阳市灯塔市沈旦堡镇韭菜河子村）西北方进行战斗。摄于1905年3月1日

日军步兵第三十三联队在长滩北战斗　日第二军第三师团步兵第五旅团第三十三联队在长滩北与俄军进行战斗。长滩位于今沈阳市辽中区长滩镇，长滩镇地处辽中区东部，北邻新民屯镇，西接四方台镇，东与辽阳市隔河相望，南邻茨榆坨开发区。摄于1905年3月2日

日军第四十一联队在张庄子西战斗　1905年3月2日，日第四军第五师团步兵第九旅团第四十一联队第三大队在张庄子西方浑河岸边与俄军进行战斗。张庄子即今沈阳市苏家屯区永乐街道杨树村，杨树村是由杨树林子村和张庄村合并而成。清顺治年间，因村中有张姓移民在此建村，故得名张庄。摄于1905年3月2日

日军在浑河上用雪橇运送伤员 日军第八师团卫生队预测该师团的战斗应是沿着附近的浑河流域进行。经过侦查发现，最好的办法是用雪橇在浑河冰面上运送伤员。第八师团野战医院进行了雪橇搬运伤病试验，结果效果良好。奉天会战中，日军强迫中国人做搬运工，用雪橇运送了很多日军伤兵。摄于 1905 年 3 月 5 日

日军向后方运送伤员 用雪橇运送伤员需要气候和地形条件，大量的伤员还得靠人工抬送。照片中为日军在沈阳西南方向浑河下游四里左右的大榆树堡（今沈阳市张士开发区翟家街道东）用担架运送伤员。摄于 1905 年 3 月 5 日

日俄两军在甘官屯、杨士屯的战斗 日第二军野战炮兵第一旅团野战炮兵第十三联队在曹家屯一带向甘官屯、杨士屯开炮，俄军也向日军进行炮击，猛烈的炮火火炸得沙土集烟尘翻滚，使天空失去了光亮。曹家屯即在今沈阳市张士开发区内，甘官屯即今沈阳市于洪区南阳湖街道甘官村，杨士屯即今沈阳市于洪区南阳湖街道杨士村。照片中为日军野战炮兵第十三联队开炮情景。摄于1905年3月6日

郎家堡附近俄军窖舍 郎家堡位于今沈阳市张士开发区内谟家村西方。一个个形似地窖的土堆是奉天大会战中俄军住宿、保暖用的，地窖旁是柴火垛和草房。摄于1905年3月

日军运送弹药车穿过浑河　日第二军第八师团运送弹药车在浑河冰面上行进。运送弹药的车和马匹，都是日军向当地百姓强行征占的。摄于 1905 年

长滩镇内一处砖窑　俄军利用一处砖窑，作为临时指挥部，此指挥部已被日军占领。砖窑位于今沈阳市辽中区长滩镇内。摄于 1905 年 3 月

于洪屯附近战后光景 于洪屯即今沈阳市于洪区于洪街道所在地，现已实现城市化。1905年3月6日，日军第三师团与第八师团，共同攻打于洪屯俄军。1905年3月7日凌晨，日军基本占领了整个于洪屯。俄军在取得强大支援后，和日军展开了非常惨烈、难分胜负的战斗，前面的人死去，后面的人补上来，两军陷入了肉搏战，双方许多将士战死。最后，于洪屯被俄军夺回。照片中为日军在李官堡（今沈阳市于洪区于洪街道北李官村）南部三轩屋苦战过后的痕迹，许多死尸横在中间。摄于1905年3月7日

于洪屯附近战后光景 照片中右上方的村落为李官堡，栅栏两侧为日俄两军士兵尸体。摄于1905年3月11日

李官堡村土墙上的弹痕　1905 年 3 月 7 日，日军第三师团在于洪屯与日军进行殊死战斗。俄军兵力占据优势，日军许多将士在乱战中被打死。日军炮兵第三联队在李官堡阵地上援助日军攻击部队，向俄军阵地炮击。照片中为日军炮兵阵地后方墙壁上布满俄军射击的弹痕。摄于 1905 年 3 月 7 日

李官堡村附近的浑河防御　俄军在李官堡村附近的浑河中设置的防御工事。摄于 1905 年 3 月

停留在双树屯的日军步兵第三十一联队（上图） 日第二军第八师团步兵第四旅团第三十一联队，停留在王纲堡（今沈阳市苏家屯区王纲街道）附近的双树屯待命。摄于1905年3月3日

日军第八师团行进在大石桥上追击俄军（下图） 永安桥，俗称大石桥，位于沈阳市于洪区马三家街道永安村。该桥始建于清崇德六年（1641），是沈阳市现存比较完整的一座石拱桥。日第二军第八师团一部分去追击俄军占领奉天，一部分在北陵附近攻打正在退军的俄军大部队。照片中为日军第八师团一部正在通过大石桥，前往奉天追击俄军。摄于1905年3月

在阿司牛北方行进中的日军第三军司令部（上图） 1905 年 3 月 1 日，日第三军对俄军右翼的第二集团军进行战略包围，攻打四方台附近的俄军，四方台即今沈阳市辽中区四方台镇。乃木希典率领第三军司令部从阿司牛出发，向四方台西北约三里的于家台前进。阿司牛位于今沈阳市辽中区辽中镇，于家台即今辽中区潘家堡镇于家台村。摄于 1905 年 3 月 1 日

日军后备步兵第十五旅团在后牛泡附近（下图） 1905 年 3 月 2 日，日第三军奉命向俄军右翼的第二集团军迂回前进，迅速深入到俄军背后。第三军主力向奉天西部的沙岭堡（今沈阳市于洪区沙岭街道）、诺木珲（今沈阳市于洪区沙岭街道诺木珲村）、马三家子（今沈阳市于洪区马三家街道）前进。第三军各部在行军路上攻打俄军。第七师团占领了马门子（沙岭堡南约 1 里半）、德胜营子和达子堡（沙岭堡南约半里）。第一师团占领了张家荒（沙岭堡北约 1 里）。野战骑兵第二旅团占领了曹家台（今马三家街道曹家台村）。日第三军司令部与总预备队向沙岭堡前进。照片中为日第三军总预备队的后备步兵第十五旅团向距沙岭堡西南约 2 里的后牛泡挺进。摄于 1905 年 3 月 2 日

日军第三军主力在沙岭堡战斗（上图） 1905年3月3日，日第三军第一、第七师团正在准备攻打俄军，却突然受到俄军袭击，日军在达子堡、沙岭堡及西杨家荒附近与俄军交战，日炮兵第二旅团在沙岭堡南面炮火支援。俄军精锐部队前来增援，两军进行全力厮杀。日第一师团一部在吴家荒附近逼近俄军侧后方，将其击退并占领了该村，沙岭堡附近的俄军开始退兵。照片中为沙岭堡东部的日军步兵第十五联队。摄于1905年3月3日

日军第三军第五十七联队在沙岭堡附近战斗（下图） 摄于1905年3月3日

日军第三军向奉天北部进军（上图） 1905年3月4日，日军第三军第九师团向奉天停车场（茅古甸火车站）进攻，第七师团向北陵进攻，第一师团向田义屯进攻，第三军总预备队炮兵第二旅团及后备步兵第十五旅团向后民屯（沙岭堡东北约1.5里）进攻。1905年3月4日下午，第九师团到达宁官屯、张士屯沿线，第七师团到达李官堡、姚家屯沿线。两个师团与占据杨士屯、于洪屯、牛心屯沿线地区的俄军展开小规模战斗。但俄军逐步增加了兵力，固守阵地，顽强抵抗，日军难以击退俄军，于是停止了进攻，开始与俄军相持。照片中为日第七师团步兵第二十八联队从沙岭堡东部田地向奉天北部进军时情景。摄于1905年3月4日

日军野战炮兵第二旅团向奉天北部进军（下图） 摄于1905年3月4日

日军后备步兵第五十七联队向奉天北部进军（上图） 日第三军后备步兵第十五旅团第五十七联队向后民屯进军途中，经过蓝山台北部时的情景。摄于 1905 年 3 月 4 日

在姚家屯的日军步兵第二十六联队（下图） 日第三军第七师团步兵第十三旅团第二十六联队在姚家屯对李官堡、姚家屯沿线俄军展开攻击前的情景。摄于 1905 年 3 月 4 日

姚家屯附近日军野战炮兵第二旅团阵地（上图） 姚家屯即今沈阳市于洪区于洪街道姚家村。1905年3月5日，日军炮兵第二旅团为了援助第七师团在于洪屯的战斗，在于洪屯西北1里的姚家屯附近布阵，于清晨向位于于洪屯、熊家岗子、牛新屯附近的俄军进行炮击。照片中前方的白烟是俄军炮弹爆炸后的情景，后面是日军炮兵第二旅团散开作战的一角。摄于1905年3月5日

日军野战炮兵第十七联队在大石桥附近的战斗（下图） 日第三军企图从西北方向包围奉天西部的俄军阵地。1905年3月6日，大批俄军在转弯桥（距奉天西北约3里半）附近驱逐日第七师团前哨军，并对第七师团发动了全面进攻，形势对日军特别不利。日第三军乃木希典司令官将日军总预备队的一部分暂时划归第九师团指挥，令第九师团去救援第七师团。在第九师团援助下，围攻第七师团的俄军开始撤退。照片中为大石桥（今永安桥）东部的日野战炮兵第十七联队战斗情景。摄于1905年3月6日

七、奉天大会战末期

奉天大会战末期主要是从1905年3月8日到10日。经过数日交战，日第三军主力部队已到达道义、田义屯一带，这一带距离虎石台很近。

1905年3月7日，日第三军野战骑兵第二旅团在虎石台（奉天以北20公里）破坏了奉天至铁岭间的铁路。俄军满洲军总司令库罗帕特金听到后，认为考尔巴尔斯的第二集团军已无足够的兵力，在奉天以北占领新阵地，阻止已在那里的日军第三军的行动。库罗帕特金决定缩短战线，将左翼阵地的俄第一集团军、第三集团军撤至浑河，以便抽调力量加强北线。

1905年3月8日，利涅维奇率领的俄第一集团军、比利杰尔林格率领的俄第三集团军奉命放弃阵地撤退。1905年3月8日深夜，日满洲军总司令部察觉到俄军在后退，发出了进行追击的命令。俄军主动放弃阵地，让日军喜出望外。放弃了沙河前线的俄军试图依托浑河天险防守，但此时河冰尚未完全解冻，日军在探明了一段坚固的冰面后便连夜渡河继续进攻。

1905年3月9日，奉天突然刮起了沙尘暴。日鸭绿江军夺取了抚顺，近卫师团强行推进，一直打到了护山堡，大致相当于今天沈阳森林野生动物园一带。日第一军乘势追击，日第一军两个多师团的兵力突破俄第一集团军奉天以东的防线，渡过浑河的日第十二师团在第二师团的协助下，在九站地区突破俄西伯利亚第四军的防线。俄第一、第三两个集团军在极其困难的情况下作战。日军作战意图非常明显，就是在东线迂回，与日第三军在奉天北方会师，将俄军包围歼灭。俄满洲军总司令库罗帕特金看到战场此种形势，十分着急，他顾不得日第一军，集中兵力攻击日第三军。应当切断俄军退路的日第三军受到了俄军猛烈的攻击，日第三军惨败。日第二师团第一旅团、后备第一旅团的士兵如同广袤荒野上的蜘蛛，三三五五不停地后退。不仅后备第一旅团溃败，日军后备第二旅团也陷入了溃乱状态，临近旅团的溃败，也使第一师团陷入了危机，日第三军各个部队的战斗力已经接近消耗殆尽。日第三军切断俄军退路的事情已变得非常渺茫了。1905年3月9日傍晚，日满洲军总司令部看到日第三军无法切断俄军后路，不得已命令第四军停止追击，转而命令其向奉天北方前进，日满洲军舍弃了积极果敢地追击逃跑俄军的策略，转向了将向奉天附近狭小范围的口袋口关闭，将想要逃跑的俄军残余兵力完全包围的战术。1905 年 3 月 9 日晚 8 时，俄满洲军总司令库罗帕特金认定俄军大势已去，奉天即将被彻底包围，于是下令全军向铁岭撤退。命令发布后仅仅三小时，这位“退却将军”便乘火车率先逃离战场，被抛弃的俄军官兵争相逃命，奉天城外往北的道路上挤满了车辆、马匹和失去指挥的溃兵。

1905 年 3 月 10 日清晨，俄军工兵炸毁了浑河上的铁路桥，浑河南岸未能撤退的俄军部队在渡河时遭到了日军炮火袭击，死伤惨重。俄军利用数千米铁路继续向北撤退，日第三军由于没有占领制高点，无法进行有效炮击，眼睁睁看着俄军跑掉。日第三军第七师团第二十八联队受命进攻奉天北陵，艰难攻下后，却遭到俄军反击，慌乱之下，第二十八联队几乎被全歼，联队长村上正路让俄军俘虏，直到战后他才回到日本国内。日第四军第六师团，沿着铁路跑到奉天北部 4 公里地方，发现一辆满载俄军一个师的列车正往北逃，于是他们直接攻击火车，成功将其歼灭。不过，对于俄军，这一个师算不了什么，因为在这个时间节点，俄军第一集团军和第三集团军在奉天北部 10 公里，稍后退逃的俄第二集团军也走出了 7 公里，日军无法追及，大半俄军部队成功地逃出了包围。1905 年 3 月 10 日下午三点，日第二军第四师团的步兵约三个中队占领了奉天城，日军进城后首先占据清朝的盛京皇宫和盛京将军衙门，其次搜捕俄军，俘虏 1300 多人。日第三军第一师团占领了奉天城北三台子。下午四点半，日第二军第八师团又在北陵南部击溃和俘虏了俄军约一个师。1905 年 3 月 10 日下午，日满洲军总司令部发表了击溃俄军主力的胜利宣言。当日晚九点日满洲军总司令大山岩进入奉天城，宣布奉天会战结束。

奉天大会战，日军死伤 70028 人（总兵力 25 万人），俄军死伤 60093 人，失踪 29330 人，共 89423 人（总兵力 38 万人）。

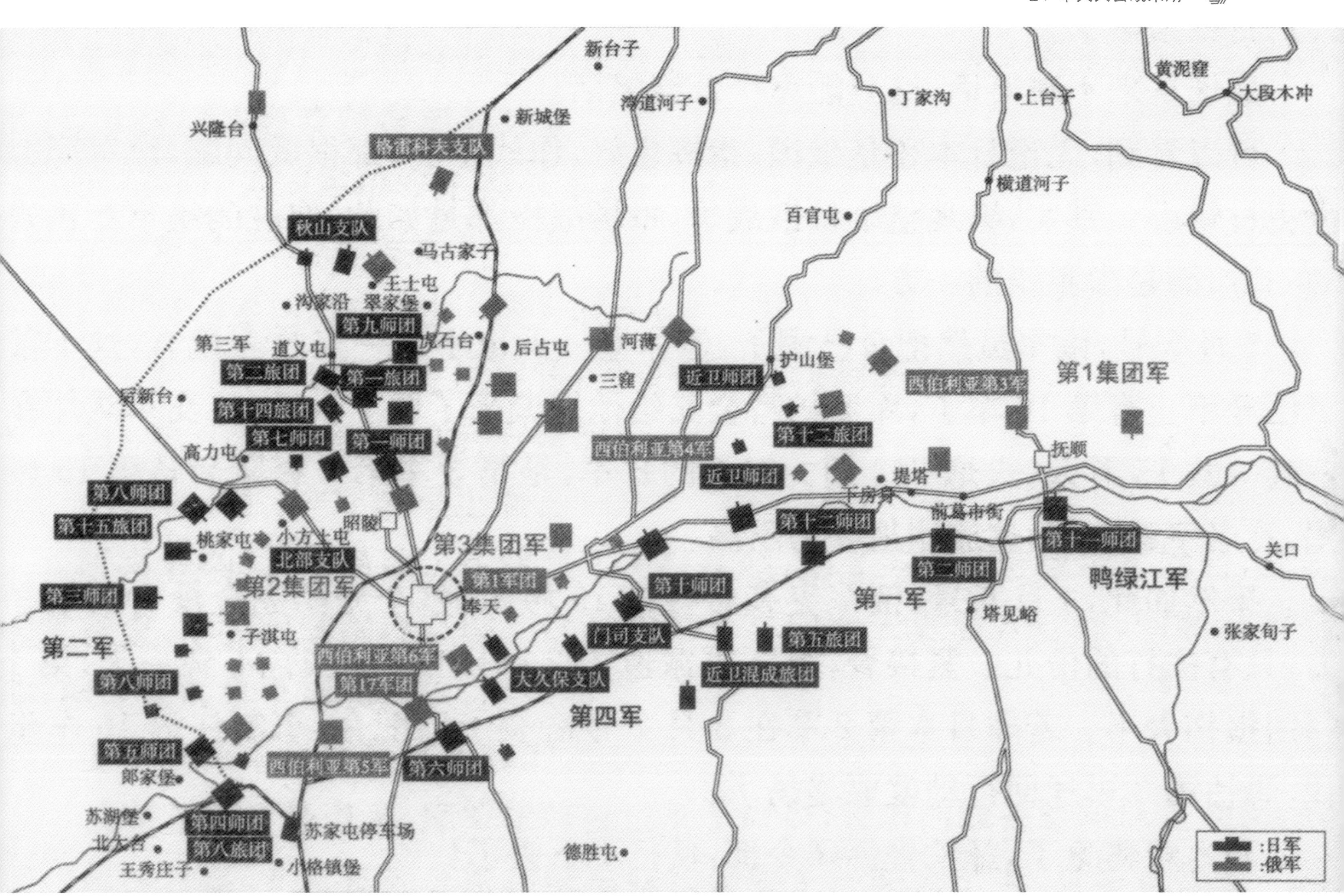

奉天大会战末期战斗略图

日军占领抚顺城　日鸭绿江军攻占了抚顺城，照片中可见抚顺城南门及城北高山塔。1905 年抚顺城墙很完整，俄军退却时没来得及破坏抚顺城。日鸭绿江军司令部人员站在抚顺城南门前，旁边有装满战争物资的几辆花轱辘车。日鸭绿江军占领抚顺城后，与日军右翼第一军相连。占领抚顺城后，日鸭绿江军后备第一师团在三岔子（抚顺城北约 5 里）一带休整，第十一师团在柴家堡子（三岔子西北约 2 里）休整。摄于 1905 年 3 月 11 日

抚顺城南浑河河畔死伤的战马　1905 年 3 月 9 日，日鸭绿江军骑兵第二联队途经抚顺向马牛庄子（抚顺北约 1 里）一带进军，顶着大雾渡过浑河。刚到抚顺北部高地的山脚下，突然受到俄军猛烈袭击。由于俄军阵地坚固，日军虽然反击，但丝毫没起作用，日军骑兵、炮兵、马匹大量死伤。照片中为日军死伤的马匹。摄于 1905 年 3 月

抚顺高尔山上展望抚顺城全景 站在抚顺高尔山上，可以清楚地看到整个抚顺城全景，抚顺城墙非常清晰地映入眼帘。明万历四十六年（1618），努尔哈赤攻下抚顺城，撤走时将城焚毁，一直到清康熙二十一年（1682），康熙皇帝第二次东赴永陵谒祖时，抚顺仍是一片荒凉。由于抚顺是清王朝“开国立基”的“龙兴圣地”，又是清朝皇帝谒永陵的必经之路，故从乾隆四十三年（1778）起，到乾隆四十八年（1783）止，用了六年时间，重新修筑了抚顺城。1950 年，抚顺市政府为扩建道路，将已经残破不堪的城墙全部拆除，并填平了四周的护城河。摄于 1905 年 3 月

抚顺城南门 据《盛京通志》记载：城周围共三里，有东、南、北三个城门。南门叫“嘉会门”，北门称“广润门”，东门为“便门”。照片中为抚顺城南门，即嘉会门。摄于 1905 年 3 月

抚顺城墙墙壁 抚顺城墙一面墙壁，墙外一片田地，远处为高尔山辽塔。摄于 1905 年 3 月

抚顺高尔山俄军防御阵地 高尔山位于抚顺城北端，现已辟为高尔山公园。高尔山公园是抚顺市唯一的一所集自然山林、名胜古迹、动物苑囿三位于一体的综合性公园，位于今抚顺市区北高尔山上，占地 240 公顷。日俄战争期间，高尔山是俄军重要的防御阵地。摄于 1905 年 3 月

高尔山塔旁的俄军战壕 俄军在高尔山上辽塔旁挖掘的战壕，此时高尔山已被日军占领。高尔山上的塔建于辽道宗大安四年（1088），用多种型制的青砖砌筑而成，塔身八角形，九级密檐，塔身腑部直径6.8米，向上逐级缩小，通高14.1米，是抚顺市最早的高层建筑，现为省级文物保护单位。摄于1905年3月

高尔山俄军防御阵地 摄于1905年3月

运送炮弹的车辆 在一大户人家房前，停放着一辆辆运送炮弹的车辆。摄于1905年3月

从萨尔浒城远望营盘 满语萨尔浒汉译为“木橱”，意思是树木繁茂。萨尔浒城，是指后金政权在今抚顺市东郊萨尔浒山北半部修建的城池。照片中从萨尔浒城（营盘东南约1里）隔着浑河，眺望营盘（今抚顺市东洲区章党镇营盘村），照片中部的山脚下可见密密麻麻的房屋的地方就是营盘。摄于1905年4月13日

浑河上急造军桥 在抚顺黄沙子路南端的浑河上，日军正在紧急架设一座军用桥。摄于 1905 年

缴获的抚顺、三龙峪间的轻便铁道 奉天大会战中后期俄军仓惶撤退，日军缴获了抚顺、三龙峪间的轻便铁道。照片中日军正在利用轻便铁道运送货物。三龙峪位于今抚顺市抚顺县救兵镇山龙峪村。摄于 1905 年 3 月

抚顺南俄军搭建的浑河大桥　俄军在抚顺南部的浑河上搭建了军用大桥，大桥全长1500米。照片中骑马的日军士兵正在桥上巡逻，一辆花轱辘车行驶在桥上。摄于1905年4月30日

二伙落仓间马车涉渡浑河　二伙落仓为今抚顺市东洲区章党镇二伙洛村，几辆马车正在二伙落仓附近涉渡浑河。摄于1905年4月

俄军在马牛路子烧毁自己的弹药库

俄军撤退时，在马牛路子村（抚顺北约 1 里）将自己的弹药库引爆烧毁。摄于 1905 年 3 月

俄军烧毁自己的粮库 俄军撤退时，将自己保存的粮食等物资烧毁，以防落入日军之手。摄于 1905 年 3 月

日近卫后备混成旅团在石官屯集合

1905年3月9日，日第一军总预备队接到向东台（今抚顺市望花区抚顺经济技术开发区东台村）进军的命令，上午9点，梅泽少将率领各队在石官屯（东台南约4里）集合，向东台出发。下午刮起了大风，漫天黄沙，方向难辩。但下午3点半预备队仍准时到达了榆桥塞（东台南约1里）附近。摄于1905年3月9日上午

日近卫后备混成旅团向东台进军

日第一军近卫后备步兵第一联队在石官屯北部王石良沟一带向东台（今抚顺市望花区抚顺经济技术开发区东台村）行进的情景。摄于1905年3月9日

唐家屯北方高地俄军堡垒　唐家屯（即今抚顺市清原满族自治县夏家堡镇唐家屯村）北方高地俄军堡垒，已被日军占领。摄于1905年

日军在唐家屯附近沙河冰上运输　日军在唐家屯（即今抚顺市清原满族自治县夏家堡镇唐家屯村）北部沙河冰上运输，多辆马车拉着满满的物资，正在通过冰冻的河面。摄于1905年3月

东沟山俄军阵地 东沟山位于今抚顺市抚顺县救兵乡内，一片连绵起伏的群山，东沟山就在这片大山内。奉天大会战期间，俄军在此设置了防御阵地，后被日军占领。摄于1905年3月

姚家屯俄军窖舍 姚家屯即今抚顺市抚顺县上马乡姚家村。俄军在此设置防御阵地，在山坡上挖掘了很多的窖舍即地窨子，供俄军御寒、休息使用。摄于1905年3月

日军炮兵在高家湾附近的战斗 高家湾位于今抚顺高湾经济区。高湾经济区地处沈阳、抚顺和铁岭三市交界处，浑河、高湾河从区内流过。高湾在划归抚顺之前隶属沈阳，并有“大高家湾”和“小高家湾”之别，高湾是“大、小高家湾”合并后的产物。1905 年 3 月 10 日，日军第十二师团向奉天进军途中，遭到浑河西岸兴隆屯附近俄军袭击，但很快就被日军击退。日军渡过浑河后刚到达西岸，又遭受了浑河东岸小高家湾一带的俄军炮火攻击。照片中为日军第一军第十二师团近战炮兵第十二联队第二大队在浑河西岸兴隆屯附近向浑河东岸俄军小高家湾阵地开炮。摄于 1905 年 3 月 10 日

日近卫师团运送物资后勤部队 马家湾子位于今沈阳世博园一带。沈阳世博园周围的旧站、高坎、上马（史称上马家湾子）、中马（史称中马家湾子）、下马（史称下马家湾子）、烟台（史称烟台尼鲁）、七间房、中水泉都是清初已有的古老村落。这里马家湾子指的是上、中、下马家湾子。1905 年 3 月 10 日，日第一军近卫师团以斩断俄军退路为目标，途径蒲河附近沿线，占领了潘家台。当日，近卫师团运送后勤物资的部队在孤家子补充军粮，停留在马家湾子。摄于 1905 年 3 月 10 日

俄军在万宝山的防御阵地　万宝山又称烟龙山，位于今沈阳市苏家屯区陈相街道西北5公里处。万宝山为日俄两军沙河会战、奉天大会战的主要战场之一。从1904年9月至1905年3月7日，日俄两军在此长达半年的拉锯战，枪炮声不断，大小战斗无数次，日俄两军死伤数量超过万人。1905年3月8日，日军发动新的进攻时，却发现俄军出乎意料地大量撤兵，从此万宝山再没有发生战斗。上图为从万宝山南部望俄军万宝山阵地。下图远处中央即为万宝山。摄于1905年3月8日

俄军在万宝山附近的防御阵地　图片中的战壕为俄军防御阵地，3月8日前这里还是俄军占据，俄军和日军枪炮齐鸣，杀声震天，血肉横飞。俄军和日军伤亡都很大。日军多次冲锋都被俄军击退。3月8日，俄军阵地空无一人，俄军已悄然撤退，向奉天方向跑得飞快，等日军发现，俄军已走远，日军在后面紧紧追赶。摄于1905年3月8日

日第四军司令部行李运送部队 沙河屯位于今沈阳市苏家屯区陈相街道桃木屯村、万宝山以东。1905年3月8日，日军发现俄军撤退后，日第四军便紧紧追赶。1905年3月8日下午，日第四军司令部运送行李部队已经抵达万宝山以东的沙河屯。摄于1905年3月8日

日后备步兵第十旅团追击前进 发现俄军撤出沙河阵地后，日军全部跟进，紧紧追击俄军。照片中为日第四军后备步兵第十旅团正在向浑河、奉天方向追击俄军。摄于1905年3月9日

瓦哈堡子日军第十师团第一野战病院　瓦哈堡子即今沈阳市苏家屯区陈相街道瓦堡自然村。日军第十师团野战病院设在这里。日军负伤人员在绷带所进行简单包扎后，即被送往后方野战病院进行医治。摄于1905年3月8日

日军第六师团徒涉浑河　日第二军在日满洲军战线的左翼，在浑河沿线击溃俄军后，向奉天东北方向追击俄军。照片中为第六师团在奉天东南方黄泥坎子（今沈阳市浑南区富民桥至长青桥间浑河南）附近徒步通过浑河，准备卡断俄军在奉天东北方向的退路。摄于1905年3月10日

日军在莫家堡子附近徒涉浑河 1905年3月9日，日第二军第四师团第三十七联队第一大队从大苏家堡（今沈阳市苏家屯区临湖街道西苏堡村）出发，途经二台子，沿着老铁道堤坝的西边进行隐蔽，渐渐走到了莫家堡子（今沈阳市苏家屯区临湖街道前莫家堡村、东莫家堡村）附近的浑河岸边。三月的浑河，冰冻正在开化，一部分冰面已经解冻，露出水面。在日军第五师团与莫家堡子不远的沙陀子(今沈阳市于洪区沙岭街道沙坨子村)附近的俄军激战情况下，日军第一大队在大队长坂部少佐带领下，利用老铁道桥下面的几个桥桩，艰难地徒步渡河。照片中的桥柱是俄军当时正在建设中的军用桥桩。摄于1905年3月9日

俄军撤退前烧毁粮草、烧毁工厂 俄军在奉天附近储藏了大量的粮食、弹药。3月9日晚俄军撤退命令下达后，俄军纷纷将奉天附近工厂和来不及带走的粮食等物资烧毁，不让这些工厂、粮草为日军所用，但日军很快赶到，将大火扑灭，抢救了相当多的粮草等物资。摄于1905年3月10日

俄军败退时丢弃的枪支 1905年3月10日，俄满洲军各部队无心或无力抵抗，纷纷往铁岭方向撤退。照片中为俄军狼狈溃逃时丢下的枪支等武器散落一地。摄于1905年3月10日

俄军在奉天附近溃逃的场景 奉天大会战末期，俄军纷纷向东北方向败退，撤退现场十分混乱，车、马、人互不让道，胡乱通过，仓皇逃命。摄于1905年3月10日

俄军在战场掩埋同伴尸体 一伙俄军在打扫战场，他们将同伴的尸体就地掩埋，在坟包上插上十字架。山包下已插了多个十字架，还有很多俄军士兵尸体未被掩埋。摄于1905年3月

俄军强迫中国人为他们掩埋同伴尸体 俄军战死多人，他们抓来当地百姓，强迫他们挖掘深坑，将死亡官兵掩埋。照片里俄军尸体横七竖八地堆在一起，等待掩埋。摄于1905年3月

俄军在清理于洪屯战斗中死亡的同伴遗体　于洪屯是奉天大会战中日俄两军战斗最激烈的战场之一，在于洪屯战斗中，日俄两军都有大批人员伤亡。照片中是俄军正在清理在于洪屯战斗中死亡的同伴。摄于1905年3月

鱼鳞堡附近俄军炮兵溃退惨状

一具具死尸，一匹匹死马，一辆辆被炸毁的车。这是在鱼鳞堡（今沈阳市大东区榆林堡）附近俄军炮兵阵地溃退后的惨景。摄于1905年

茅古甸车站一片惨象 茅古甸车站是沈阳市第一座火车站，在今天的老道口铁桥南面。1910 年今沈阳站（奉天驿）投入使用后，茅古甸车站即被废弃。奉天大会战末期，茅古甸车站也是激烈的战场之一。日俄双方为了守卫、进攻茅古甸车站，把控物资、人力运输，都投入了大量兵力。俄军败退奉天前，把茅古甸火车站烧毁，同时也把奉天附近的粮草等物资烧毁。照片中为沈阳西塔旁火车站附近激战后的惨状。摄于 1905 年 3 月

茅古甸车站附近堆积如山的炮弹壳 茅古甸车站前，一堆堆炮弹壳，是俄军发射大量炮弹后留下的，可以想象当时战斗的激烈程度。摄于 1905 年 3 月

八、奉天大会战后期

1905 年 3 月 9 日晚 8 点，俄满洲军总司令库罗帕特金下令全军向铁岭撤退。命令发布后仅仅三小时，这位“退却将军”便乘火车率先逃离战场，被抛弃的俄军官兵争先逃命，奉天城外往北的道路上挤满了车辆、马匹和失去指挥的溃兵。日军在奉天大会战中，人员损失很大，炮弹等弹药消耗也非常大。俄军撤离奉天，日军也无力追赶，只能在后边尾随。1905 年 3 月 16 日，日军占领铁岭。而俄军早已于三天前将铁岭城付之一炬，继续撤退。日军于 1905 年 3 月 19 日占领开原城，3 月 22 日占领昌图府。俄军退却到四平街（今四平市）时，不再后退，挖掘战壕，修筑工事，日军也无力追赶和再战，俄军遂得以在四平街站稳脚跟。1905 年 3 月 22 日后至日俄两军签订停战协定，日俄两军一直在四平街对峙，这期间虽发生一些战斗，但规模都不是很大。

1905 年 3 月 22 日，一败再败的俄军满洲军总司令库罗帕特金被沙皇革职，满洲军总司令一职由第一集团军总司令利涅维奇将军接任。库罗帕特金明白自己已经声名狼藉，不敢回国。在他的再三要求下，俄皇同意其接替利涅维奇担任第一集团军司令，继续留在前线“将功赎罪”。

日军除了一部继续北上追击俄军外，大部分部队在奉天城内外打扫战场，抓获两万多名俄军俘虏，缴获了大量战利品。从日军拍摄的照片看，俄军在奉天附近储存了大量的战略物资，俄军仓皇逃跑，使这些军需物资被日军所缴获。

日军耀武扬威地开进奉天城，特别是于 1905 年 3 月 15 日举行了盛大的奉天入城式，向奉天老百姓宣示日本的占领，宣示日本陆上大决战日军的胜利。全奉天城都挂上了日本旗，奉天城的老百姓也被逼出家门欢迎日军。不久，日本大本营参谋总长山县有朋元帅也来到了满洲。在奉天满洲军司令部，日军高官大摆筵席，庆祝奉天大会战日军的胜利。日本大本营参谋总长山县有朋元帅和日本满洲军总司令大山岩元帅挎着战刀，在奉天到处视察、慰问日军。奉天大地俨然是其日本的领土，任由日军游走，大清奉天官员还得低三下四地陪同。

奉天大会战对于俄国而言是灾难性的。对于这场战争来说，奉天大会战意味着陆上的最后大决战。但是，这场决战并未分出真正的胜负，虽然俄满洲军在奉天损失了大约30%的兵力，辎重、器材和武器装备等也折损过半，丢失了奉天城，但日军试图包围并歼灭俄军的企图终究没能实现。在经过了奉天城下的大溃退后，俄国人并没有放弃翻盘的念头。一方面他们坚持据守四平街，派兵袭击了奉天城北的法库门地区和昌图地区的日军；另一方面他们还不断从国内增兵，将一列又一列的大炮、步枪、弹药以及补充兵力，源源不断地运抵满州前线。此外特别是他们将胜利的希望寄予俄国第二太平洋舰队。1905年，在俄皇一再督促下，俄罗斯第二太平洋舰队（第一舰队在1904年被日军偷袭，剩下的龟缩在海参崴）从波罗的海起程，经过了3万公里的航行，进入对马海峡，在对马海峡被日海军伏击，38艘俄国战舰被击沉21艘，被俘9艘，损失舰艇共27万吨，阵亡4830人，被俘5917人。日本仅以损失3艘鱼雷艇的代价，赢得了压倒性胜利。对马海战其影响力不仅局限在军事方面，直接左右了俄国、日本两个国家的命运。曾经处于世界前列的俄国海军一蹶不振，海战的失败动摇了俄国沙皇的统治。日本通过此战，为3个月后《朴茨茅斯条约》的签订铺平了道路。

由于奉天大会战、对马海战的失败，俄罗斯帝国的声誉一落千丈，寄希望于加强皇权的战争打成了这样，国内已经是天怒人怨，全盘皆输之下只能设法罢手。日本也已经达到了国力可以承受的极限，战争期间，日本动员兵力110万人，耗费临时经费17.2亿日元，其中8亿日元是外债。如此巨大的人力、物力的消耗，是尚不发达的日本经济难以承受得了的，日本国内也出现了经济危机：通货膨胀，物价飞涨，农业衰落，民用工业萎缩，人民生活痛苦。国内厌战情绪日益增长。

日俄两国内外交困，美国罗斯福总统出面调停，日俄双方于1905年9月5日在美国签订了《朴茨茅斯条约》。《朴茨茅斯条约》是帝国主义间重新划分殖民势力范围的条约。俄国以朝鲜和中国东北作为交易，换取免除战争赔款的要求，而这一切都是背着朝鲜和中国这两个主权国家进行的。《朴茨茅斯条约》主要内容为：（1）俄国承认日本对朝鲜半岛有优先权；（2）日俄两国军队全部撤出，铁路守备队除外；（3）俄国让出北纬50度以南的库页岛领土；（4）俄国让出长春至旅顺之间的铁路，附赠煤矿开采权；（5）俄国让出旅顺、大连地区的租借权；（6）俄国沿海州沿岸允许日本人捕鱼。为迫使中国政府承认其夺取沙俄在东三省南部地区的侵略特权，1905年12月22日，日本迫使清政府签订了《中日会议东三省事宜正约》三款，附约十二条。

日俄两国于1905年9月5日在美国签订《朴茨茅斯条约》后，在奉天的日俄两国军队迅速开展条约落实工作。9月8日，日军与俄军在沙河子（今铁岭市昌图县满井乡沙河子村）会见，就休战条约落实问题进行了协商确定。1905年10月30日至31日，日俄两国铁道引渡及撤兵协商委员在四平街（今吉林省四平市）停车场（火车站）列车内召开会议，就撤兵及铁路移交等问题进行协商确定。1905年11月25日，日本满洲军总司令部撤离奉天，日军称之为凯旋归国，这标志着日本满洲军主体全部撤离中国。但与此同时也是日本对中国大连、旅顺地区、长春至旅顺之间铁路及其附属地侵占的开始。

日军秋山支队长等在鸶鹭树附近 鸶鹭树即今铁岭市昌图县鸶鹭树镇，位于昌图县东北部，距昌图县城30公里。日第二军骑兵第一旅团长秋山好古少将等下属在鸶鹭树暂停。此时日俄两军主要在四平街（今吉林省四平市）对峙，基本没发生大的战斗。摄于1905年4月8日

日骑兵第十四联队在鸶鹭树北方田地集合 日第二军骑兵第一旅团第十四联队奉命在鸶鹭树北方田地集合，按照秋山好古旅团长的命令，准备迎接俄军骑兵攻击。鸶鹭树的四月田地，几座坟包，几颗未绿的柳树，十分荒凉，春耕还未开始。摄于1905年4月8日

日骑兵第十联队在威远堡门北进 威远堡门即今铁岭市开原县威远堡镇。著名的清柳条边遗址就在威远堡，老柳条边墙建成于顺治年间，新柳条边墙建成于康熙九年（1670），新老柳条边墙的交界处就在威远堡，是人字形走向，号称北方第一边。照片中为日第四军第十师团骑兵第十联队在威远堡门北进。摄于1905年4月16日

铁岭俄军窖舍 奉天大会战末期俄军就撤退到铁岭，他们想守住铁岭与日军对峙，后撤至四平街（今吉林省四平市），在四平街修筑工事，与日军进行对峙。这是俄军撤退前在铁岭修筑的窖舍，窖舍后面的房屋均被俄军烧毁。摄于1905年4月

日军占领后的铁岭停车场（铁岭车站） 1896年，沙俄向远东地区扩张，和清政府签订了《中俄御敌相互援助条约》（简称《中俄密约》），取得了从哈尔滨直达旅顺的中国东省铁路（简称中东铁路）筑路权。1897年8月正式动工，1903年7月14日全线通车。铁岭站最初叫西关站，1898年开建。铁岭站是中东铁路初期八个三等站之一，比当时茅古甸站（也就是沈阳站）还高出一个等级。1905年3月，俄军在撤退前放火烧毁了铁岭车站，3月16日，日军占领了铁岭。摄于1905年4月5日

古城铁岭魁星楼 照片中左侧为铁岭魁星楼，右边为铁岭古城街景。铁岭古城不大，围城墙一周约为五里，城墙高两丈，底宽两丈，上宽只有一丈二尺。魁星楼就建在铁岭城墙东南角上如角楼一般。铁岭魁星楼始建于清乾隆二十九年（1764），占地面积仅有七、八平方米，大屋顶琉璃瓦，四角铜铃悬挂，砖结构，拱形门朝南开，东、西面的墙上开有圆形采光窗，四面悬挂匾额，其中南面匾额为：文焕离明。俄军撤退后，铁岭于1905年3月16日被日军占领。摄于1905年4月

日骑兵第十三联队在沙河子附近准备战斗 沙河子即今昌图县昌图镇沙河子村。1905年4月11日，日第二军骑兵第一旅团第十三联队向昌图进发，午后三时到达距昌图东北约3里的沙河子附近，发现附近有约三四百名俄军骑兵。日秋山好古旅团长命令日军准备战斗。照片为日军准备战斗场面。摄于1905年4月11日

日骑兵第十联队在欢喜岭与俄军战斗 日第四军第十师团骑兵第十联队在欢喜岭（今铁岭市开原市东嘎镇内）与俄军展开战斗，一些日军正在欢喜岭岭上向俄军射击，另一些刚赶到的日军骑兵下马后迅速往欢喜岭上奔去，投入战斗。摄于1905年4月17日

开原市街光景　开原市街即今辽宁省开原市老城街，即开原古城，地处辽河中游左岸。开原老城是明代兴建的古城，素有“辽北古城”之称。明末，古城毁于战火。清乾隆四十三年（1778）在旧址重建砖城。照片中开原市街上挂着很多日本国旗，这是日军 1905 年 3 月 19 日占领开原后，强迫当地百姓悬挂的。摄于 1905 年 4 月 12 日

昌图街景　元代，实行全域行省制，昌图属中书省的开原路北境，为蒙古族游牧地。清嘉庆十一年（1806）设昌图厅，光绪三年（1877）升厅为府。中华民国二年（1913）改府为县后，昌图一直为县级建制，今是辽宁省最北部的县级市。俄军在昌图撤退后，1905 年 3 月 22 日被日军占领。照片中为昌图街景。摄于 1905 年 4 月 10 日

日军在达连堡子附近审讯俄军俘虏

日第一军在达连堡子（今沈阳市沈北新区辉山街道达连桥附近）对刚抓获的俄军俘虏进行审讯。摄于1905年3月11日

日军在达连堡子附近收容俘虏

日第一军在达连堡子（今沈阳市沈北新区辉山街道达连桥附近）附近蒲河上收容俄军俘虏。照片中为日军在蒲河冰面上收容俄军俘虏，可见三月初的蒲河冰面还比较结实。摄于1905年3月11日

日军第一军俘虏收容所 被俘俄军士兵数百人聚在临时设在达连堡子（今沈阳市沈北新区辉山街道达连桥附近）附近的日第一军俘虏收容所。摄于1905年3月12日

日军近卫师团绷带所为俄军俘虏包扎

日第一军近卫师团绷带所为新抓获的俄军俘虏进行简单包扎。近卫师团的绷带所设在达连堡子（今沈阳市沈北新区辉山街道达连桥附近）附近。摄于1905年3月12日

日军第二军收容的俘虏 日第二军在奉天附近一喇嘛庙附近暂时收容俄军俘虏。摄于 1905 年 3 月 12 日

日军在杨官屯收容俄军俘虏 1905 年 3 月 10 日傍晚到 11 日清晨，俄军的败兵到处出没，有些人数较多的俄军残部企图冲出日军包围，但死伤很大。还有些三三两两的俄军到日军处前来投降。日军各部队各自固守阵地，一部分士兵进行战斗，一部分士兵处置投降的俄军。战场上的喧嚣直到 1905 年 3 月 11 日清晨才安静下来。照片中为日第二军在杨官屯（今沈阳市浑南区杨官屯村）收容的大批俄军俘虏。摄于 1905 年 3 月 13 日

日军在土台子附近抓获的俄军俘虏（上图） 1905年3月4日，日军一部从今沈阳张士开发区翟家街道大挨金堡出发，在经过土台子（今沈阳张士开发区翟家街道土台子）时，遭到俄军的猛烈袭击。日军立即散开马上应战，除就地反击外，还令日第五师团炮兵部队向俄军炮击，俄军渐渐抵挡不住日军进攻，留下了200多具尸体后逃跑了。照片中为日军俘获的20名俄军俘虏。摄于1905年3月4日

日军在茅古甸停车场附近抓获的俄军俘虏（下图） 日第四军第五师团在茅古甸停车场（今沈阳老道口附近）附近抓获的俄军俘虏，照片后边的一座塔为沈阳西塔。摄于1905年3月11日

日军鸭绿江军在抚顺虏获的战利品

日鸭绿江军占领抚顺后开始打扫战场，缴获了大量战利品，主要有步枪1600支、炮弹2700发，还有许多杂兵器和军需品等。照片中为日鸭绿江军士兵正在整理虏获的战利品。摄于1905年3月

日军第一军在潘家台虏获的战利品

潘家台（今沈阳市沈北新区辉山街道）附近日第一军虏获的部分战利品。奉天大会战，日第一军将校以下死伤上万人，俄军也死伤很多。日第一军虏获战利品主要有：军旗2面，大炮8门，炮弹7500发，步枪6000支，战马230匹。摄于1905年3月

日军第四军在奉天附近虏获的战利品　日第四军在奉天大会战中的主战场主要是沈阳市南部，特别是在万宝山（今沈阳市苏家屯区内的烟龙山）的战斗十分惨烈。俄军撤退后，第四军追击到离奉天城很近的浑河一带。日第四军在奉天大会战中虏获的战利品主要有：俄军军旗1面，大炮21门，炮弹11000发，步枪12000支，战马1000匹。照片中为缴获的大量乐器和测量器械。摄于1905年3月

日军第四军在奉天附近虏获的各种炮弹　根据照片中日第四军缴获的堆积如山的炮弹，可以判断出俄军在奉天欲长期据守，有些炮弹来不及带走或销毁，可见撤退时的慌忙。摄于1905年3月

日军第四军在奉天附近虏获的小铳弹药车　俄军各部队里都有很多小铳小队，利用小铳弹药车负责运送弹药。这张照片中日第四军缴获的小铳弹药车后面，有一座长长的土墙。土墙内是奉天城里一座座瓦房，土墙外是一片田地。这长长的土墙就是沈阳城墙关墙。清康熙十九年（1680），盛京城外增筑了关墙。关墙高七尺五寸，周围三十二里四十八步（16.08 公里），为不规则的抹角圆形，夯土筑造。今这座关墙早已不见踪影，但这张照片证明其于 1905 年还存在。摄于 1905 年 3 月

日军第四军缴获的步枪战利品　奉天大会战中，日第四军仅缴获俄军步枪就达 12000 支，经过整理，一支支、一捆捆步枪整齐摆放。摄于 1905 年 3 月

日军骑兵在中街巡逻　1905年3月10日下午已有部分日军冲进中街，占领了奉天城。1905年3月11日，日军强迫奉天城百姓在街道两旁挂日本国旗。这是日军在辽阳城、铁岭城等城市的惯用伎俩。几名日军骑兵在中街上进行巡逻，检查是否挂上日本旗，对稍加反抗者即进行镇压。摄于1905年3月11日

日军从小西门城楼上往城内拍摄　日军摄影师站在小西门城楼上往城内拍摄，奉天城大部分景象映入眼帘的小西门至鼓楼大街上，每家店铺前都挂上了日本国旗。熙熙攘攘的人群，面对来势汹汹的日本兵，有些惊恐茫然。摄于1905年3月11日

小西门里街铺全挂上了日本国旗 巍峨壮观的小西门到中街鼓楼间的街路在当时被称为小西门里大街。照片中为靠近小西门的一段，小西门下可见两名骑马日军士兵的身影。整条街上全挂上了日本国旗，人们用惊慌的眼神望着照像机。摄于1905年3月11日

一些日本兵穿过故宫门前太庙、东华门 日军占领奉天后，在全城实行军事管制。照片中一些日军士兵正在穿过故宫门前的太庙，走出东华门。这些日军士兵已经脱下了冬装，时间应该是日军占领奉天两个月以后了。日本满洲军从1905年3月11日占领奉天后，大部队在1905年11月才撤离奉天。摄于1905年

一队日军在中街钟楼前　照片中可见中街钟楼前耀武扬威的一队日军。奉天已是春夏时节，中街上的幌杆依旧高悬，只是这座城市已换了统治者。摄于1905年

一个日本兵在奉天北城墙上　在已经破损的一处北城墙上，一位奉天市民站在城墙垛口旁，一名日本兵坐在城墙上俯视。城墙近处有座塔，即沈阳崇寿寺塔，又称沈阳白塔，白塔于1957年4月拆除。摄于1905年

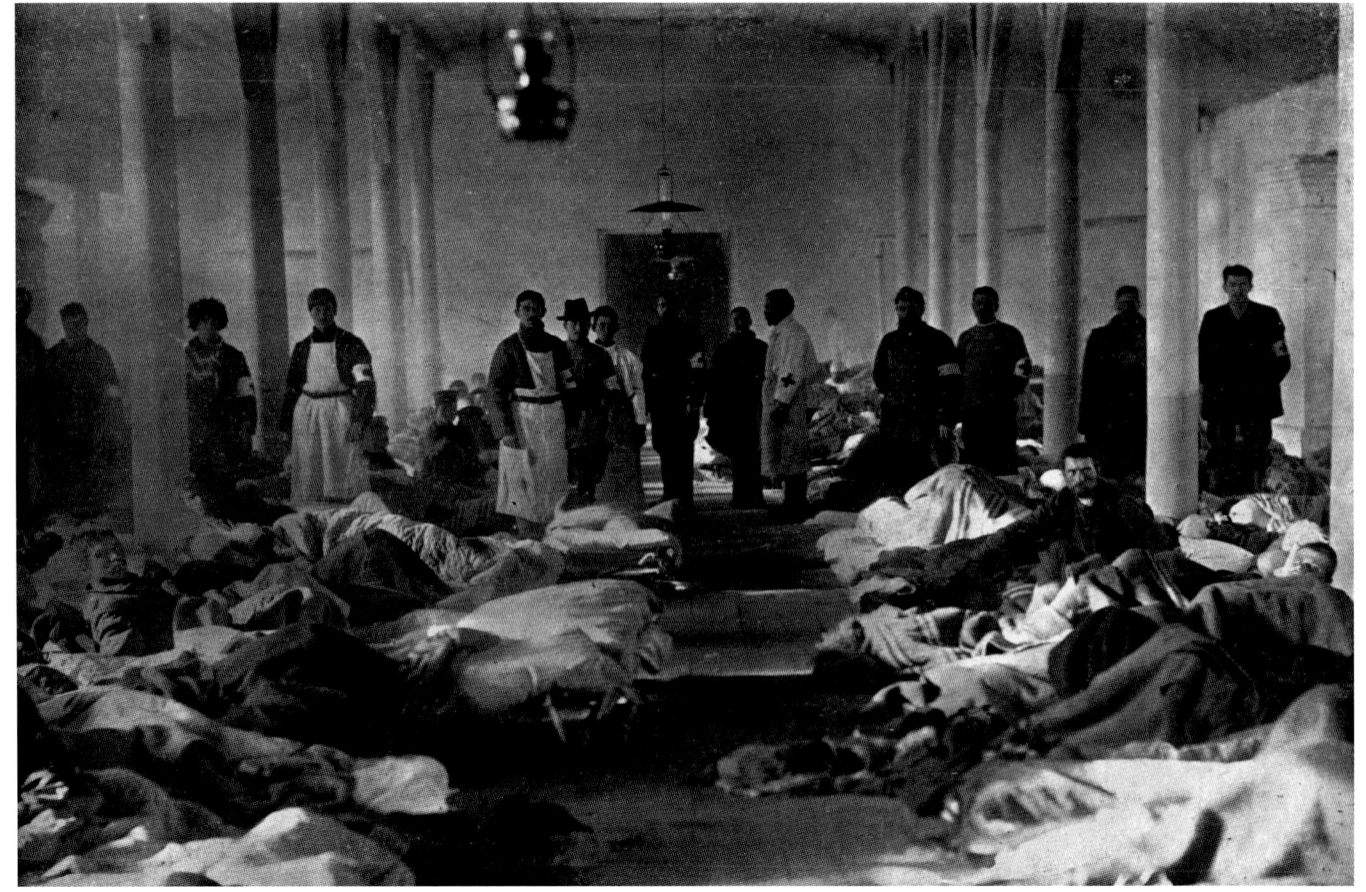

俄军在奉天的医院 俄军在奉天附近设有5个红十字医院、1个野战医院和一个绷带所。这些医院收容有日军伤员400多人，俄军伤员1300多人。日军占领奉天后，俄军所有的医院都由日第二军军医部来管理，日军野战医院接收了俄军医院中的日军伤员，奉天城内俄军医院主要接收俄军伤员，仍由俄方医护人员治疗，与日军一起治疗俄军伤员的俄方医护人员有437人。上图为俄国红十字医院的俄方医护人员和日第二军军医合影。下图为俄红十字医院病房景象。摄于1905年3月19日

日满洲军总司令部向奉天行进　奉天大会战期间，日满洲军总司令部一直在东烟台（今辽阳市灯塔市）指挥全军作战。日军战略布局的巧妙加上各军的英勇奋战，使日军获得空前大捷，溃败的俄军溃退到铁岭。1905 年 3 月 15 日上午 7 时 30 分，日满洲军总司令大山岩元帅和总司令部参谋等从东烟台（今辽阳市灯塔市）出发，于下午四时到达奉天。上图为日满洲军总司令部正在过浑河。下图为大山岩元帅到达奉天时，奉天城日军将军以下的所有军官挥着日本国旗，奏着军乐，在大南门外欢迎大山岩元帅一行进城。摄于 1905 年 3 月 15 日

大山岩行进在大南门券洞 1905年3月15日，这是日军占领奉天的第六天，下午四点，日满洲军总司令部举行占领奉天入城式。日满洲军总司令大山岩元帅正行进在大南门券洞里。大南门又称德盛门，日军借此谐音，称德盛门为“得胜门”。券洞两侧站着看热闹的沈阳城老百姓和一排排端枪列队的日本兵。大南门券洞内外的城墙上的青砖有一些已脱落，给人一种破败的感觉。摄于1905年3月15日

大山岩及日军仪仗队进入奉天城 1905 年 3 月 15 日下午四时，日满洲军总司令大山岩、总参谋长儿玉源太郎及参谋福岛、井口、松川少将等幕僚、第二军三十联队仪仗兵进入奉天城，行进在奉天城内钟楼南大街（今朝阳街）上，日第二军各部队沿街列队欢迎。骑马行进者中前第四个骑马者是大山岩。在日军行进队伍尽头，隐约可见残破不堪的大南门三层城门楼。摄于 1905 年 3 月 15 日

奉天总督府门前的黄龙旗和日本旗　日军举行奉天入城式，逼迫奉天城百姓观看，给人一种祥和兴旺的假象。当日，奉天总督府门前除悬挂清黄龙旗外，还悬挂了日本国旗。摄于1905年3月15日

日军奉天入城式当日一街景　日军举行奉天入城式，强迫奉天城百姓观看，不仅在钟楼南大街（今朝阳街）制造"夹道欢迎"的假象，其他街路上的房屋也被强行挂上日本国旗，强迫百姓围观。摄于1905年3月15日

奉天日满洲军总司令部 1905年3月15日，日满洲军司令部从东烟台（今辽阳市灯塔市）迁入奉天城，具体办公处就在照片中悬挂日本国旗旗杆的院子内。从照片中可以看出，此院后面不远处即是沈阳故宫，从另一张日满洲军司令大山岩和几位首脑人物在这个院子中合影看，这个院址南面不远处是大南门。据此可确定日满洲军司令部办公处就在今张氏帅府一带。摄于1905年

大山岩出席浑河大宣桥开通仪式 俄军修筑的大宣桥在奉天大会战后被日军占有。奉天大会战中遭到一些损坏的大宣桥被日军修好后，于1905年4月29日，日军举行大宣桥开通仪式，日满洲军总司令大山岩出席浑河大宣桥开通仪式，耀武扬威地穿行在大宣桥上。大宣桥桥头两面日本太阳旗交叉支立，一日本兵在桥头站岗。桥下，一根根圆木支撑着桥面，浑河岸边停着三只小船。在日俄战争结束日军即将撤出奉天城时，日军又逼迫清政府奉天当局出巨资购回大宣桥路权。摄于1905年4月29日

盛京将军赵尔巽与日军大山岩等合影 1905年4月，盛京将军曾祺以丁忧解任，赵尔巽出任盛京将军。当时的奉天几经战争蹂躏，满目疮痍，百废待举，赵尔巽临危受命，留守陪都。彼时日俄战争尚在进行之中，赵尔巽在处理日俄战争善后、恢复东北主权过程中面临重重困境和艰难抉择。受到日军的干扰破坏，赵尔巽等奉天地方官员对涉及奉天百姓生命、财产等权益也无法给予保证。盛京将军赵尔巽官邸与日满洲军司令部距离不远。这张照片是赵尔巽与大山岩等在1905年4月间的一次合影。照片中前排左三为赵尔巽，左四为大山岩，左一、左五分别为清奉天官员孙宝琦、张锡銮。摄于1905年4月

大山岩昌图阵地视察 1905年9月23日，日满洲军总司令大山岩在日第四军参谋长上原陪同下，视察昌图阵地。

山县有朋挎着战刀游览昭陵　奉天大会战结束后，日本大本营参谋总长山县有朋在奉天、铁岭、昌图等地进行战地视察。照片中为山县有朋（前排左）等日将挎着战刀在奉天昭陵游览，清政府奉天官员陪同。摄于1905年7月26日

日军第三军附属从军外国武官从法库门归国　日俄战争时期，英国同日本结盟，美国也为了与俄国争夺中国东北，排挤俄国势力而支持日本。所以在日俄战争期间，美国、英国、奥斯曼帝国（土尔其）等国家直接或间接参与了这场战争。1905 年 9 月 17 日，第三军司令官乃木希典大将及其幕僚，在法库门为其他国家的军人举行归国送行仪式。摄于 1905 年 9 月 17 日

日军在康平泡子湖捕鱼（上图） 泡子湖（今沈阳市康平县卧龙湖）盛产鲤鱼、鲶鱼等，日军在泡子湖下网捕鱼，分配给所属部队。摄于1905年

康平小塔子东北辽河岸边的日军粮草（下图） 小塔子即今康平县郝官屯镇小塔子村，因村中有座辽代佛塔而得名。小塔子村就在辽河岸边，曾是金朝庆云县所在地，在当时已成为辽河沈阳段早期的航运码头。明清之时，这里仍然是辽河上的重要码头之一。日俄战争时，日军利用这一码头，运输大量军用物资。照片中为小塔子码头上的日军在辽河岸边存放的大批粮草等军需品。摄于1905年

日军休战条约协定委员向沙河子会见所行进　日俄两国1905年9月5日在美国签订《朴茨茅斯条约》后，在奉天的日俄两国军队迅速开展条约落实工作。1905年9月13日，日军福岛少将代表日军前往沙河子（今铁岭市昌图县满井乡沙河子村）会见所与俄军会见，协商休战条约落实问题。照片中为日军正往沙河子会见所行进。摄于1905年9月13日

日俄两国休战条约协定委员在沙河子会见　1905年9月13日上午11时15分，日俄两国休战条约协定委员在沙河子（今铁岭市昌图县满井乡沙河子村）会见，就休战条约落实问题进行具体协商。摄于1905年9月13日

奉天日满洲军总司令部勅语捧读式 1905年9月5日，日俄两国在美国签订了《朴茨茅斯条约》，10月16日，两国批准了条约并交换条约文本。1905年10月20日上午，日本满洲军总司令大山岩在奉天满洲军总司令部举行各军司令官及以下直属队队长参加的勅语（条约以天皇名义签署，故称勅语）捧读式。摄于1905年10月20日

日俄两国铁道引渡及撤兵委员在四平街停车场 1905年10月30日至31日，日俄两国铁道引渡及撤兵协商委员在四平街（今吉林省四平市）停车场（火车站）列车内召开会议，就撤兵及铁路移交等问题进行协商。照片中为日俄两国协商委员在四平街停车场列车旁，会议就在他们身后的列车车厢内召开。摄于1905年10月30日

日满洲军总司令部撤离奉天（上图） 1905 年 11 月 25 日，日本满洲军总司令部撤离奉天，日军称之为凯旋归国，这标志着日军部队主体撤离中国。照片中为撤离奉天的日军在茅古甸停车场（今沈阳站北 1.2 公里、老道口附近）就餐。摄于 1905 年 11 月 25 日

日满洲军总司令部人员在大连乘船回日本（下图） 1905 年 11 月 25 日，日满洲军总司令大山岩一行从奉天出发后，在大连游览四天，于 11 月 30 日上午十时乘“丹后丸”号轮船回日本，日军驻大连各部队文武百官在栈桥送行。摄于 1905 年 11 月 30 日

九、奉天大会战造成的深重灾难

奉天大会战是日俄战争陆路最后一次大规模的决战。这次会战从1905年2月23日开始到3月10日结束，在长达155公里、纵深80公里的奉天战场上展开，涉及抚顺、本溪、辽阳、铁岭，特别是沈阳市苏家屯区、于洪区、浑南区、沈北新区、辽中区、新民市、法库县、康平县及市内各区。日俄双方投入兵力55万人，各类火炮近3000门，机枪近300挺。参战人数多、时间长、范围广的奉天大会战，给奉天（沈阳）及其周边地区人民造成了深重的灾难。

（一）中国领土主权遭到疯狂践踏

20世纪初的清政府是中国历史上最腐朽、软弱、无能的中央政权，不敢得罪日俄两个强盗，听任他们在中国境内厮杀，使得中国领土主权遭到疯狂践踏。俄军粗暴践踏中国主权，企图在政治上把东北变成由他直接统治的殖民地。1904年2月17日，俄国远东总督阿列克谢耶夫照会盛京将军曾祺，要求他保护铁路，随时准备拆毁有碍军事的城墙、桥梁。阿列克谢耶夫还专程到奉天，要求盛京将军曾祺于1904年5月前把中国军队撤离铁路60俄里（200余华里），限定在奉天仅留600名中国官兵。1905年2月24日，俄国驻华公使不满足清政府已宣布的“辽河以东为中立区”的政策，要求将辽河以西也划入战区。许多地方发生了俄军强占中国官署的事件。1905年2月15日，俄军占据了盛京兵、刑、工衙门作营务处。无论在中立区还是交战区，日军也多次扣留中国地方官，冠之以俄国“密探”“间谍”之名，长期扣押甚至处以极刑，严重侵犯中国主权和尊严。1905年6月27日，日军非法拘捕中国地方官员康平县总巡穆克图善，并于7月31日将其残忍杀害。1905年7月，日军非法拘捕中国地方官员康平知县殷鸿寿。8月，日军又在开原抓走5名中国地方官员，残酷拷打。1905年5月1日，日军士官李得玉、王如松等持日方照会来到康平县署，强行带走八名在押“命盗重犯”，严重干涉中国司法权。日军之行径极其野蛮，与其所声称的“尊重中国中立”的宗旨完全背离。日俄两军在奉天大会战前后，肆意拘禁中国奉天官员，没收中国军队的武器，两国占领区内，虽名为中国疆土，但实际上已完全由占领者支配。俄国在奉天设立了人民委员，要求奉天地方官员为其服务，强行征用粮食军需，并征调人员从事炮台、壕沟等各种军事设施的建造。日军则在中国领土上强行建立奉天“军政署”，推行全套殖民地的方法，日本史家形容“地方上的居民早已忘记许多中国官衙仍然存在”。

1905年初，日军为了运送军需物资，开始在奉天和新民之间铺设军用铁路。据盛京将军调查，“日人所造小铁路询系手推小车，载重不过数百斤，轨宽不及二尺，专运军物。因道途泥滑难行，修造以利军用，不能用之汽车，亦未与新民轨道相接。创造之始，并未知会。其始由沈通至巨流河，嗣又逾河迳通至新民，中间未造桥梁，其修造甚速”。由此可知，该铁路是日本未经知会中国政府，擅自修建的军用铁路。该铁路尽管只用人力推车，且仅限于军需物资的运输，但是仍然属于铁路。日本在既没有从中国政府获得铁路铺设权，也没有经过合法手续购买铁路用地的前提下，就在中立国家土地上铺轨运输，实属对中国主权的严重侵犯。事实上，日俄战争期间，日本已经违法铺设了从安东至奉天的铁路。清政府外务部对日本的做法多次提出抗议，要求日本军政官“勿在该地区安装轨道，以重中立”。日本外务大臣继续老调重弹，以俄国为借口说：“俄国在新民占据时按照军务所需任便施行，如今我国军队事同一律，业经本大臣迭次照会声复在内。此次安装小铁轨亦属军务必须之事，未便辄令停止。”日军这种侵犯中国主权的行为与其所声称的尊重中国中立的宗旨完全背离。日本在新民擅自修筑铁路的行径清楚地表明了其借战争之机大肆侵犯中国主权、掠夺中国权益的野心。

（二）奉天人民生命受到残害

日俄两军的相互厮杀，使数千甚至上万的百姓在炮火下或者丧生，或者残疾，两个帝国主义强盗甚至把枪炮直接对准从炮火中逃生的中国百姓射击。

奉天会战期间，一队俄国骑兵把18名中国百姓用绳子捆住双手，然后将绳子的另一头拴在哥萨克骑兵战马的后尾上，拖着他们向距离60多公里外的奉天城跑，其中几个人被马活活拖死，其余的人也奄奄一息。1904年10月，沈阳城南很多村屯被炮火炸毁，很多村民被炸死，逃亡的难民纷纷跑到沈阳城，惨状不忍所闻。1904年9月16日，距沈阳城40余里的沙河沿居民李德国在日俄交火躲逃中，其老母行动较慢，被俄兵刺刀挑死。1904年10月24日，同样在沙河沿，居民李继常、李继喜、李德仁、李德举、李继泰、李继纯、沈松英、李一盛、崔李氏等九人，被日俄两军炮火炸死。1905年1月3日，沈阳城南2名日本兵借酒醉找妇女不成，放火烧毁民房财产，枪杀了村民潘国震、潘山林父子。日俄两军更动辄对奉天人民以莫须有的间谍罪名加以杀害。有一次，一队俄军巡逻兵发现路旁一个坑里躺着一家逃难的老小，硬说他们是日本间谍，竟用乱枪将他们全部打死。一名农村里的杂货店老板因为被日军怀疑肤色太白，不像一般务农的庄稼汉，就被推入山沟中处死。甚至中国的地方官员，稍涉间谍嫌疑者，或被枪杀或活埋。尤其残酷的是日军还以“间谍”“马贼”等莫须有的罪名，屠杀无辜中国百姓。一个当年曾经以“万国红十字会中国分会”会员身份到东北一些地区进行调查的人，亲眼目睹日军借口“间谍嫌疑”，一次竟活埋了中国百姓近40人。事后，他们还蛮横地道：“这种处置‘间谍’的方法，不必有什么证据，只要是像，就可任意屠戮”。

日俄两军经常以强制手段驱使成千上万名中国人充当劳工，用木棒、皮鞭和刺刀驱迫为他们赶修工事，稍不如意，就用鞭抽棒打，被打死、累死、饿死、病死者不计其数。俄军认为单线铁路不适合军运的需要，遂从奉天起另修一条公路。为修筑这条4、5丈宽的公路，俄军毁掉了成千上万晌良田，俄军出动大批骑兵，到处追捕村民，不仅青壮年都被“征发”，甚至七八十岁的老人和十来岁的小孩也不能幸免。修路时，他们像监押囚徒一样，非打即骂，谁敢反抗，轻则拘押，重则当场枪毙。俄军还常把整个村镇的居民全部驱逐出去，辟为战场，经常“有数村之人被俄人勒令三天内迁避”。溃败的俄军烧杀淫掠、无恶不作。日本侵略者在俄军战败后，还强迫沈阳周边村民去掩埋日俄官兵的尸体，为日军修建“日军参战纪念碑”。

为了躲避战火和苦役，成千上万的百姓逃离家园，沈阳城迎来了一批又一批的难民潮，沈阳城主要街道上不断出现连续不断的难民队伍，凄惨的哭声，瑟瑟寒风里马车或手推车上蜷缩着的妇女和儿童，穿着破烂衣服一瘸一拐的老人，一片凄惨的景象。1904年9月22日，距沈阳城20余里的前后榆台、前后夹河、金家湾等15个村屯的村民所有房屋均被俄军占驻，村民被逐出，衣饰、粮草、木器等物尽行被烧毁，近2万村民无粮糊口，无处栖身。1904年9月24日，沈阳城东70余村屯被俄军盘据，俄军士兵殴打农民，逼做苦工，强拉牛马，强割草豆，强奸妇女，搜掠衣服、首饰等物件，近七八万村民逃避无所。

东北百姓的惨况连日本人办的《盛京时报》也感到不忍。曾经形容中国百姓：“陷于枪烟弹雨之中，死于炮林雷阵之上者数万生灵，血飞肉溅，产破家倾，父子兄弟哭于途，夫妇亲朋呼于路，痛心疾首，惨不忍闻。”

（三）奉天人民财产受到残酷剥夺

日俄两军肆意在中立区掠夺军需物资，虽然清政府规定“粮食柴草一切日用之物，需该国军队自行筹备携带，以符我守局外之例”，俄国政府却刻意曲解为中国官方不得接济交战国，不过民间商人不在此限，因此俄军遂向民间大量“购买”粮食，但“稍不应允，即行强取”，而购买的凭据也大多不是真金白银，而是俄军自己随意发行的巨额“军用票”，被中国民众称为“羌贴”。这些羌帖到了群众手里，很快贬值，使人民遭到极大损失。整个奉天大会战期间，俄军所过之处，大都取粮于民，纵兵掠抢。一是“勒要”，二是“强购”。“勒要”“强购”不足，便明火执仗地抢劫。俄军占领区境内严布岗哨，“凡民车前赴城乡运送粮食”，即行拦截，然后插旗押往俄军粮台，“短价勒买”。同时，还随时随地地硬性“勒要”，不仅不给分文，而且“急如星火”。更为野蛮的是，派兵闯入民宅，“按户翻粮，硬行装掠”。1904年4月16日，俄军在新民府八角台搜寻大麦20石，强买白面344斤，勒买回民耕牛6头，在桑林一带抢掠耕牛40头。据俄军军需部门统计，俄国满洲军的军需粮秣中有85%是取之中国东北。甚至许多民田耕作的“寂黍、高粱均被芟割以作马料，纵横千里，几同赤地”。为防止日军抵近攻击，俄军防御时将阵地前大量正在生长的庄稼平毁。沈阳城南的榆树台、浑河和营盘等处，有居民千余户，田地1600晌，1904年8月21日，这几处“禾稼正在成熟”，突然大批俄军“四面圈围，将所有红粮全行割倒，至于谷稗各色杂粮亦被蹂躏殆尽”，致使“数千人嗷嗷待哺”，百姓“实无生路。”比掠夺粮食破坏性更大的是毁杀青苗。例如五里河等20余个村子，农民“所种谷稗草田、诸色豆秧不下二万余亩”，俄军为筹措马料，竟将正在生长的豆秧、谷子“所割几尽”。

随着战争的进行，俄军干脆直接公开抢劫。当时的机器局、大学堂、户部金银库、沈阳数百家烧锅等悉数遭到抢掠，仅“永增兴烧锅”一家，就被掠走40余万吊钱的财物。沈阳城内的钱铺、票庄、银号、栈号、丝房、布铺等百余种行业，近2000多家工商业户，全部遭到难以统计的损失。城内1366户商店被迫向日军“献纳粮秣费白银十万两，致使全城商店的总资本额减至五万五千两，因而影响到各钱庄、银号发行的钱票贬值或难于流通”。这些掠夺使盛京商业深受其害。

沈阳城南的浑河水运事业由来已久，历明清两代一直是辽沈地区下辽河、出渤海、赴津登沪的要道。在铁路尚未问世、陆路运力有限的情况下，通过浑河可将木材、山货、皮货、粮食外运，也可运回杂货、绸缎、工具等。奉天大会战之时由于正值冬季，水运商号中木船依例在骆驼圈子进坞过冬，俄军以缺乏薪炭为名，将其全部劈开作柴烧光，沿河船只全部遭洗劫。1904年5月，俄军在今辽中区小北河附近的浑河上，用若干船只搭一浮桥，将河道堵塞，终日派兵看守，运货船只无法南渡，南来的货物也无法进入沈阳城，以致沈阳城货物短缺，物价飞涨。1904年7月间，沈阳城大西关天茂泉船店，用小船14只，装大豆480石、豆饼1600片，从沈阳浑河段出发，准备运往营口。船行至沈阳城西南45里处时，被俄军扣留，船上的大豆被俄军抛至浑河水中，豆饼被俄军用来喂马，船只被俄军用来搭设浮桥。

（四）奉天一些历史建筑遭到破坏

奉天大会战也使沈阳城众多的古建筑被焚、受损。沈阳市苏家屯区的陈相屯塔山塔、浑南区白塔堡白塔等都被日军怀疑可能成为俄军的瞭望点而遭到摧毁，万寿寺、长安寺经卷被焚，殿堂被炸。关外三陵中的福陵、昭陵都发生过激烈的战斗，陵中一些古物被损坏，守陵的清军及陵户中的百姓有的也被杀害。面积广阔的大法寺也未能幸免，俄军放火烧毁了其东、西配殿及大殿，寺内的紫檀雕花、香炉、珍珠及各种器皿被俄军士兵掠夺一空，就连大佛身上的金饰也被他们剥掉了。实胜寺被俄军烧毁庙房两间，松、柳、榆树二百余棵均被砍烧，西塔钟鼓二楼被俄军焚毁。南塔广慈寺建筑群被俄军当成炮兵阵地而破坏殆尽。

至于沈阳城外村庄的一些寺庙，很多被日俄两军的炮火炸毁，一些房屋被两军拆掉，木板、檩木等被用于构筑工事、烧火御寒。不少村庄，除了破壁颓垣、孤立的墙架、悄然耸立的烟囱外，什么都没留下来。

日俄两军对沈阳及其周边地区的人民的恶劣行径更是罄竹难书。20世纪初，作为清朝的陪都盛京，沈阳已经形成繁华局面，正向近代城市转化。日俄战争奉天大会战，使当时经过200多年建设的沈阳古城满目疮痍，元气大伤。在侵略者的野蛮蹂躏下，沈阳大地“未数月即变成为瓦砾场”，广大农村“贫民如鲫”，逃难者“纷纷如蚁”，“号泣流离之声遍闻田野”。各地难民在冰天雪地中“露地栖宿”，“囚首垢面，状如乞丐”，啼饥号寒，死亡枕藉。战争结束后，东北人民刚要盼望有个安定的环境生活耕作，却又迎来一纸“和约”，送走前门虎，迎来后门狼，开始遭受日本帝国主义敲骨吸髓的剥削和掠夺。

在教会医院避难的百姓（左上图）　沙河会战期间，一批又一批的老百姓跑到教会医院躲避战火，只能是暂避一时，教会医院地方有限，无法容纳如此多的难民。摄于 1904 年

在城里等待住宿的难民（左下图）　奉天大会战，焚毁了无数农民的家园，他们逃难到奉天城里，一些无家可归的难民活活被冻死。摄于 1905 年

在寺庙前等待吃饭的难民（右上图）　奉天大会战使奉天周边即今沈阳郊区的百姓流离失所，逃离家园，几万百姓涌入奉天城，衣不遮体，食不果腹。摄于 1905 年

奉天红十字会救助难民（右下图）　日俄战争期间，奉天施医院建立起第一所红十字难民营，又陆续征用大院、寺庙、剧院等建立难民营，安排难民食宿、医疗。摄于 1905 年

日本警察斩杀中国人 管理东北地区占领区的日本军官以军刀对中国死刑犯人执行斩首，已有两名死囚的人头落地。日本在日俄陆战占领中国东北后，便颁布了各种场所的取缔法规，并在宪兵军官的指挥下负责探查“间谍”，但“间谍”在当时国际法中属于“奇计”之一种，而非犯罪行为。因此日本特别创设了“露探”的用语，专抓任何有嫌疑的中国人或朝鲜人并加以处死。仅在铁岭一地，从占领到和谈判的七个月间，被认为有嫌疑者就有近百人，其中十五人被处死。摄于1905年

日军砍杀中国平民 1905年秋，鲁迅正在日本仙台医学专门学校读书。课堂常放一些时事幻灯片。一次，鲁迅看到了一组令他极为愤慨的镜头：刑场上，一个被说成是做了俄国侦探的中国人被绑在中间，就要被日军枪杀，而四周围着一群中国人在看。在国家丧失主权、人民丧失生存权，又处于“一盘散沙”状态下的开原民众，只能任列强蹂躏、杀戮。要挖战壕，抓你服役；稍有反抗，就来个镇压，说你是“敌探”，杀你没商量。杀法也是主观随意，想“痛快”，就刀砍、枪杀；想取乐，就刑罚加身，或者活埋。当时中国人的身价，几乎等于零。日本报刊，在刊发这幅随军记者拍摄的现场纪实照片时，还加了《日俄战争时在满州开原城外日军将俄探斩首》的标题。这里说的“开原城外”，就是指现在的铁岭市开原老城外。摄于1905年3月20日

Le Petit Journal

Le Petit Journal
CHAQUE JOUR — SIX PAGES — 5 CENTIMES
Le Supplément illustré
CHAQUE SEMAINE 5 CENTIMES

5 Centimes SUPPLÉMENT ILLUSTRÉ 5 Centimes

Le Petit Journal QUOTIDIEN, 5 cent. | Le Petit Journal militaire, maritime, colonial, 10 c.
L'AGRICULTURE MODERNE, 5 cent. | La Mode du Petit Journal, 10 cent.

On s'abonne sans frais dans tous les bureaux de poste

ABONNEMENTS

	SIX MOIS	UN AN
SEINE ET SEINE-ET-OISE	2 fr.	3 fr. 50
DÉPARTEMENTS	2 fr.	4 fr.
ÉTRANGER	2 50	5 fr.

Quinzième année DIMANCHE 13 MARS 1904 Numéro 695

LES ÉVÉNEMENTS D'EXTRÊME-ORIENT
Exécution d'espions japonais par les soldats russes

法国一画报所画俄军处决日本间谍 法国一画报登载彩色石印画一幅，图说：俄军处决日军间谍。图中两个被怀疑是日本间谍的犯人，在火车铁轨的桥墩上被活活吊死，还有一人等着受刑，当时日俄双方的谍报已经到了捕风捉影的程度。俄国书籍《帝国主义在满洲》中写道：“交战的每一方对居民稍涉间谍者都一批一批地枪杀了”。当时的中国日报也记载“东三省之民，不死于敌，亦死于党，斯民何辜罹此荼毒。”绘于1904年

俄军抓住的一批中国人间谍 在沙河会战、沙河对峙中，日俄两军都随意抓中国人，诬称他们是间谍，为敌方提供情报，对这些所谓的嫌疑人均随意处置。摄于 1904 年

俄军抓获的一名中国间谍 俄军又抓获了一名中国人，当然称其是为日本人做事，这名中国人的命运可想而知。摄于 1904 年

日军把一中国人吊在废墟上取乐 日本兵诬称一个中国人抢劫，把它反绑起来，扒掉裤子，吊在一个废墟上取乐。摄于 1904 年

一中国人运送队（右图） 日俄两军都抓来一批又一批的中国人，分别为他们运送伤员或者死尸，稍有不慎便会遭到杀身之祸。绘于1905年

中国人为日军运送伤员（下图） 在茅古甸火车站（今沈阳站北约1.2公里处），中国人抬着日本伤员将其送上火车，运往后方医院。摄于1905年

中国人为俄军运送粮食等物资　在茅古甸火车站附近，俄军正在强迫当地百姓为他们运送粮食和武器等辎重。一辆辆马车在前行，那时沈阳的道路全是土路，车也是花轱辘车，行走的速度是比较慢的。摄于1905年3月

日军第一军强迫中国人为其运送粮食

在奉天半拉子山附近，日第一军粮饷部正在强迫中国人为其运送粮食。摄于1905年

俄军撤退前在中街抢劫 1905 年 3 月初，俄军与日军打得难解难分，1905 年 3 月 9 日左右，俄军已显败像。即将败退的俄军在奉天城里的中街上大肆抢劫。抢劫到东西后又强迫中国人赶车外运，车上满载抢劫来的物资。可见很多扛枪和驾车的俄军，赶着车的难民，将中街拥堵得水泄不通。

俄军烧毁茅古甸火车站站房 俄军在奉天茅古甸火车站附近阵地对日军进行了顽强的抵抗，但经受不住日军三面进攻，溃乱不堪后俄军撤军。俄军撤退前，将茅古甸火车站及周围的建筑和来不及运走的粮食统统烧毁。照片中为烧毁的茅古甸车站站房。摄于1905年3月

俄军烧毁茅古甸火车站 俄军撤退前，放火烧毁了茅古甸火车站。照片中为茅古甸站台上被毁坏的机车上水设施或者称之为水塔和毁掉的站房。摄于1905年3月

俄军炸毁浑河铁桥 俄军下达了撤退命令后，为了阻击日军追击，1905年3月10日晨，俄军将长大铁路上的浑河铁桥炸毁。摄于1905年3月

俄军炸毁开原附近清河上的铁桥 1905年3月18日俄军撤退开原前，将开原西约1里小八社附近清河上的铁桥炸毁。摄于1905年4月18日

俄军放火烧毁水萝卜台村　水萝卜台位于今沈阳市苏家屯区王纲街道大庄科村。大庄科村是由大庄科村和水萝卜台村合并的。水萝卜台村，在清代年间形成村落，建村时四面环水，西面有一烽火台，烽火台上常有大鸦飞落，故起名水落鸦台，1820 年，根据谐音改名为水萝卜台。俄军在王纲堡附近对日军进行顽强抵抗，但终不敌日军的猛烈进攻。于 1905 年 3 月 4 日撤出水萝卜台。俄军撤退前，在水萝卜台村放了一把大火。照片为水萝卜台村大火熊熊燃烧时的情景。摄于 1905 年 3 月 4 日

日俄两军战火烧毁苏麻堡　在黑沟台会战、奉天大会战中，苏麻台即今辽阳市灯塔市五乡镇苏麻堡村，被日俄两军炮火击毁。摄于 1905 年

炮弹在一家院子里爆炸　一发炮弹击中奉天城附近一家院子，碎砖石散落一地，房屋倒塌。院子里的几个花盆和泥缸还没受到损坏，晾衣杆孤立，似在证明战争前这户人家生活的宁静与悠闲。炮弹是日军还是俄军发射的已无从知晓，但奉天大会战的确给当地百姓带来了一场空前的浩劫。摄于 1905 年

日军的攻击给奉天城造成的破坏　日俄奉天大会战期间，日军和俄军在奉天周围展开了殊死的战斗，除了造成大量中国平民死伤外，也给奉天城周边村庄特别是奉天城造成了巨大的破坏。国外一英文画报刊登的这幅照片注释为：日军的攻击给奉天造成的破坏。照片里努尔哈赤和皇太极时期修筑的城墙已被炮弹轰击得残缺不堪，似在象征清王朝的末日。摄于 1905 年

奉天城内遭到破坏的房屋 奉天大会战刚刚结束，日军几名军官士兵在被毁坏的房屋前留影。摄于1905年

遭到破坏的五家子关帝庙 黑沟台会战、奉天大会战，给今沈阳市辽中区长滩镇和辽阳市灯塔市沈旦堡镇一带的人民生命、财产造成了巨大的损失。照片中为战争中遭到破坏的五家子西部的关帝庙。五家子，今位于辽阳市灯塔市西部五星镇五星村，因有秦、荀、赵、邵、闻五户人家先居于此，称五家子，后改称五星。摄于1905年2月27日

参考书目

1. 马俊著 . 日俄战争史 . 北京：国防大学出版社，1991

2. 中华世纪坛世界艺术馆，秦风老照片馆编著 . 日俄战争与中国的命运 . 桂林：广西师范大学出版社，2013

3. 萧西之水著 . 第 0 次世界大战 . 北京：中国铁道出版社，2015

4. 查攸吟著 . 日俄战争全史 . 北京：中国长安出版社，2015

5. 关捷，关伟编著 . 日俄战争灾难纪实 . 北京：社会科学文献出版社，2014

6. 荆绍福主编 . 沈阳影像（1884—1939）. 沈阳：沈阳出版社，2015

7. 王刚著 . 清末中日关系研究 . 北京：知识产权出版社，2016

8. 穆景元 . 毛敏修 . 白俊山著 . 日俄战争史 . 沈阳： 辽宁大学出版社，1993

9. 政协沈阳市苏家屯区文史研究会编 . 苏家屯地名概览，2015

10. 政协沈阳市学习宣传文史委员会，政协沈阳市于洪区委员会编 . 沈阳地名于洪卷 . 沈阳：沈阳出版社，2014

11. 政协沈阳市学习宣传文史委员会，政协法库县委员会编 . 沈阳地名法库卷 . 沈阳：沈阳出版社，2011

12. 政协新民市委员会编 . 新民地名概览 . 沈阳：辽宁科学技术出版社，2014

13. [苏] 契尔缅斯基著 . 日俄战争 . 北京：时代出版社，1955

14. [苏] 鲍里斯•罗曼诺夫著 . 俄国在满洲 . 北京：商务印书馆，1980

15.[苏] 国家中央档案馆编 . 日俄战争 . 北京：商务印书馆，1976

16.[苏]科罗斯托维茨著.俄国在远东.北京：商务印书馆，1975

17.[美]安德鲁•马洛泽莫夫著.俄国的远东政策（1881—1904）.北京：商务印书馆，1977

18.[日]井上清著.天皇制.北京：商务印书馆，1975

19.[日]濑户利春著.日露激突•奉天大会战.东京：学研出版社，2011

20.[日]大本营写真班.日露战役写真帖.东京：小川一真出版部，1905

21.[日]大沼十太郎著.日露战史写真贴.东京：东京印刷株式会社编纂部，1915

22.[英]杜格尔德•克里斯蒂著，张士尊、信丹娜译.奉天三十年（1883—1913）.武汉：湖北长江出版集团，湖北人民出版社，2007

23.辽宁省档案馆.日俄战争档案史料.沈阳：辽宁古籍出版社，1995

24.徐广宇编译.洋镜头里的日俄战争：1904—1905.福州：福建教育出版社，2009

25.周力著.与世界相遇：近代东北叙事录.长春：吉林出版集团，吉林文史出版社，2010

26.张伟，胡玉海编著.沈阳三百年史.沈阳：辽宁大学出版社，2004

27.佟悦著.清代盛京城.沈阳：辽宁民族出版社，2009

28.张志强著.沈阳城市史.大连：东北财经大学出版社，1993

29.张志强主编.沈阳通史近代卷.沈阳：沈阳出版社，2014

30.沈嘉蔚编纂，窦坤等译.莫理循眼里的近代中国.福州：海峡出版发行集团，福建教育出版社，2012

《日俄战争奉天大会战影像》编委会

编委会主任：荆绍福
编委会委员：赵建伟　马凤云　甄　晖
主　　编：荆绍福

资料提供：许光明　王梓熠　高　峰
李　辉　张耿城　毛耀辉
装帧设计：杜　江
版式设计：周庶江　徐卫红　尉佳欢
电脑制作：徐卫红　尉佳欢
审　　校：杨婉悌
统　　筹：杨大英
编撰单位：沈阳市档案馆

图书在版编目（CIP）数据

日俄战争奉天大会战影像 / 荆绍福主编 . -- 沈阳：沈阳出版社，2017.7

ISBN 978-7-5441-6181-7

Ⅰ . ①日… Ⅱ . ①荆… Ⅲ . ①日俄战争—史料Ⅳ . ① K313.430.6

中国版本图书馆 CIP 数据核字（2017）第 039800 号

出版发行：沈阳出版发行集团 | 沈阳出版社
（地址：沈阳市沈河区南翰林路 10 号　邮编：110011）
网　　址：http：//www.sycbs.com
印　　刷：雅昌文化（集团）有限公司
幅面尺寸：285mm×285mm
印　　张：17
字　　数：81 千字
出版时间：2017 年 7 月第 1 版
印刷时间：2017 年 7 月第 1 次印刷
总 策 划：张　闯
责任编辑：张　闯　王　莉　王　颖
装帧设计：杜　江
版式设计：周庶江　徐卫红　尉佳欢
责任校对：杨婉悌　刘　旭
责任监印：杨　旭

书　　号：ISBN 978-7-5441-6181-7
定　　价：320.00 元

联系电话：024—24112447　62564911
E-mail：sy24112447@163.com